Fêtes & rituels

Célébrer les passages de la vie

France Paradis

Éditions Enfants Québec

Catalogage avant publication de Bibliothèque et Archives Canada

Paradis, France

Fêtes et rituels : célébrer les passages de la vie

ISBN 978-2-92334-750-9

1. Rites et cérémonies. 2. Mœurs et coutumes. 3. Rituel. I. Titre.

GN484.2.P37 2008   392   C2007-942506-2

© Chronos Magazines inc. 2008

Les Éditions Enfants Québec
sont une division de Chronos Magazines inc.

Tous droits réservés

Directrice éditoriale : Claire Chabot
Coordonnatrice de la révision : Corinne Kraschewski
Conseillère à l'édition, droits et permissions : Barbara Creary
Graphisme : Dominique Simard
Graphisme de la couverture : Kuisin Studio
Illustration de la couverture : Christine Battuz

Dépôts légaux : 1er trimestre 2008
Bibliothèque et Archives nationales du Québec
Bibliothèque et Archives Canada

ÉDITIONS ENFANTS QUÉBEC
300, rue Arran
Saint-Lambert (Québec)
J4R 1K5
Canada

Téléphone : 514 875-9612
Télécopieur : 450 672-5448
editions@enfantsquebec.com
www.enfantsquebec.com

Imprimé au Canada

Si tu connais la joie, partage-la.
Lord Byron

Pour Francine L'espérance, Danielle Champagne et Roger Clark, qui m'ont permis de retrouver le sentier de la fête, avec amour et compassion, alors que j'étais perdue en forêt.

Remerciements

Un ouvrage comme celui-ci est le fruit de longues années de réflexions et de partages. Ma vie est faite des gens que j'aime et qui m'aiment. Sans eux, pas de fêtes, pas de passages, pas de joie.

Je dois remercier ici mes trois enfants, Joël, Raphaëlle et Jérémie, pour l'inépuisable joie qu'ils me permettent de connaître dans ma vie.

Merci à Jacques-Alain Lavallée, le formidable père de mes enfants, avec qui j'ai partagé 20 années de fêtes et de joies familiales. Sans eux quatre, jamais ce livre n'aurait pu voir le jour.

Merci à mon amoureux, Denis Bergeron, qui me soutient avec tant d'amour dans ma recherche de nouvelles formes pour vivre et garder vivante ma vie de famille.

Merci à Danielle Simard, mon infatigable sœur d'âme.

Merci à Cindy Daoust et à Thérèse Francoz, deux femmes remarquables qui m'ont permis d'approfondir ma connaissance des enfants et de la pédagogie Waldorf, source inaltérable de sens.

Merci à Henri-Claude Ménard qui, le premier, m'a appris que Dieu est Joie et Amour. Merci à André Patry, qui a continué de nourrir ma vie spirituelle avec tant d'amitié.

Merci enfin à tous ceux et toutes celles avec qui j'ai fait la fête jusqu'à ce jour. Ces moments partagés forment le terreau sur lequel je grandis.

Pourquoi fêter quand il y a tant à faire ?

Il y a beaucoup d'urgences dans ce monde, et l'une d'elles me semble être de retrouver ensemble le sens de la fête. Retrouver l'idée de célébrer la vie dans ses nombreuses formes, bruyantes et jaillissantes, intimes et courageuses, tragiques et périlleuses aussi. Retrouver le plaisir de partager ensemble cette immense condition humaine faite de passages et de transformations.

Les rituels incarnent les marqueurs de la vie, de ses passages, et ils nous manquent. En quittant l'Église catholique, nombreux sont ceux et celles qui se sont retrouvés sans rituels pour marquer les grands moments de la vie. Comment célébrer la naissance sans le baptême? Comment célébrer l'amour sans le mariage? Pâques doit-il devenir la fête du chocolat? La rupture ici entre une institution religieuse devenue aliénante et le reste de la collectivité était sans aucun doute devenue nécessaire. Mais elle fut si brutale, et le vide ainsi créé, si grand, que le vertige au bord du gouffre nous a donné un sentiment de griserie. Peut-être avons-nous cru qu'avec la disparition de la pratique religieuse, les humains allaient enfin être libérés de toutes contraintes. C'était oublier à quel point la quête spirituelle de l'humain est puissante et essentielle. C'était oublier également que l'Église catholique porte un héritage spirituel millénaire d'une richesse incroyable. Les humains de toutes les civilisations ont eu, et ont encore aujourd'hui, une soif inextinguible de sens. Voilà précisément de quoi est faite la spiritualité : chercher des réponses à nos questions fondamentales, à notre recherche du sens des événements et de l'univers. Dans cette quête, les religions proposent des balises de recherche, des modes privilégiés, des sentiers particuliers où poser le pied pour avancer. Voilà pourquoi ce sont les religions qui ont toujours porté les fêtes et leur ont donné leur sens. Dans notre travail de laïcisation, il ne faudrait pas oublier cette quête fondamentale et universelle du sens de la vie. Sans cela, nous serions condamnés à la stérilité de l'âme. Et c'est un sort bien plus triste encore que la stérilité des corps.

Il nous faut retrouver les gestes qui portent le sens de la vie et des passages dans cette vie. Il nous faut créer des occasions de rassemblement qui permettent à notre communauté de reconnaître une personne comme étant membre de cette communauté. Il nous faut puiser dans notre mémoire collective, dans notre héritage spirituel et culturel afin de retrouver les gestes de la fête, ceux qui nous rassemblent ; les gestes qui donnent un sens aux épreuves traversées, aux défis relevés et aux nombreuses transformations qui jalonnent notre route. Il faut retrouver les canaux d'expression de notre joie profonde d'être ensemble.

Les célébrations sont toujours l'expression d'émotions. Une sorte de canal privilégié pour les exprimer haut et fort et collectivement. Cependant, ces émotions sont largement évacuées de notre société occidentale et de son utopie technologique. Ici, on aime les choses propres, égales et nettes. On veut que les femmes accouchent sans un cri, on demande aux enfants de jouer sans se salir et sans crier, on répond à la détresse et à l'isolement avec des médicaments. Dans notre société, on élève le contrôle personnel au rang de vertu cardinale et on confond l'autonomie avec l'auto-suffisance. La civilisation, c'est le progrès ! Et le progrès vient avec de plus en plus de normes.

Les êtres humains qui composent nos sociétés se trouvent ainsi écartelés entre l'irrépressible besoin de vivre des émotions et la nécessité de les dénier pour correspondre aux normes de leur collectivité. Ne soyons pas stupides au point de croire que cet écartèlement sera sans conséquences. L'incessante accélération technologique ne comporte ni inspiration, ni attente, ni expiration. Elle est horizontale et sans modulation. Pousser l'homme dans ce rythme mécanique, loin du rythme biologique, valoriser la rationalité et l'objectivation au détriment de tout ce qui fait l'âme humaine — émotions, subjectivité, exubérance, réflexion et spiritualité —, tout cela ne se fera pas sans cassure.

Ne sommes-nous pas déjà dans les résultats de la cassure? Les enfants d'aujourd'hui croient que toutes les opinions se valent. Nous leur avons appris que la vie est une question de droits. Nous les avons convaincus que tout cela relevait de l'opinion et de l'argumentation. Sans doute avons-nous cru les rendre libres des entraves de notre propre enfance, alors que nous les avons installés sur des sables mouvants et qu'ils s'y enfoncent malgré tous nos efforts : dépressions d'enfants, suicides d'adolescents, décrochage scolaire, itinérance, anorexie, et tant d'autres cris de désespérance.

Les fêtes sont peut-être un tout petit pas vers la reconquête de la vie par la quête de son sens. Parce qu'elles sont un arrêt volontaire dans la spirale du temps technologique. Parce qu'elles ouvrent le canal de la joie, de la peur, de la peine, toutes choses parfaitement humaines et vivantes! Parce qu'elles nous rassemblent, enfin, autour d'une finalité, ce que ne fera jamais l'utopie technologique.

Les enfants qui grandissent ont besoin des fêtes pour garder toujours vivant leur lien avec la communauté, cette capacité de partager. Partager un repas, partager sa joie, partager le sens des événements et des choses. Voilà comment ils développeront leur capacité à partager aussi leurs peines et leurs difficultés quand ils en auront, au lieu de s'isoler jusqu'au désespoir. Les ados et les jeunes adultes aiment aussi les fêtes. Et ils en ont un urgent besoin. Des fêtes chargées de sens remplissent le cœur des ados. Leurs explosions émotives et leur recherche de sensations fortes ne sont que l'écho de cette quête. Si nous leur offrons des fêtes vraies, chargées de sens et de joie réelle, sans contraintes inutiles ou normatives, les ados courront nous rejoindre. Rappelons-nous que la joie est un aimant, et le plaisir aussi. Je ne connais pas d'adolescents qui puissent résister à l'occasion d'embarquer dans la joie d'un groupe. Ces jeunes participeront à la fête à leur mesure et à leur manière. Surtout, ne les obligeons pas à faire exactement comme nous, mais choisissons plutôt de déployer une grande souplesse et reconnaissons leur apport original. Les adolescents ont une inextinguible soif de sens et d'idéal. Les fêtes sont l'occasion de leur offrir cela.

Les croyances changent. Les rites changent. Et il est sans aucun doute parfaitement légitime de participer à ces changements et de les accepter. Ce qui n'a pas changé depuis quatre mille ans, c'est la soif spirituelle de l'être humain. C'est son désir de s'approcher toujours davantage du mystère immense qu'est la Vie.

Chaque fois que nous chantons pour souligner l'anniversaire de la naissance d'un enfant (et peu importe finalement la chanson), chaque fois, nous nous tenons debout dans le cercle millénaire de l'humanité et de son espérance.

Et c'est cela qui importe vraiment.

Les fêtes ont toujours fait partie de ma vie. Elles en ont marqué chaque étape, même les petites : mes déménagements, mes diplômes, des départs d'équipes de travail que j'ai adorées, des fins de contrat qui m'avaient permis de franchir de nouvelles limites professionnelles, de même que tous mes anniversaires, mes peines d'amour, mes deuils et les épreuves de ma vie. Les fêtes m'ont permis de boucler des centaines de boucles. Elles m'ont permis de dire des milliers de mercis à des êtres formidables, des adieux émouvants aussi, des «je t'aime» comme je voulais. Les fêtes m'ont permis d'en finir avec des crises de la vie, m'ont permis de tourner des pages, de passer à autre chose. Au cœur de ces fêtes, j'ai pu lâcher mon fou, m'éclater, rire de moi-même et de la vie, me moquer des conventions, refaire le monde à ma façon. Au cœur de ces fêtes, je retournais en moi-même et y trouvais ma source. Je me lançais dans les bras tendus de mes amis et j'y trouvais toujours l'accueil et l'acceptation que j'espérais. Les fêtes ont été pour moi autant de rites de passage que de célébrations joyeuses.

Depuis la séparation d'avec le père de mes enfants, il m'a fallu refaire le chemin des fêtes. Je me suis rendu compte que ces célébrations avaient toutes été construites sur ce qu'était notre famille. Comme la forme de notre famille a changé, les fêtes ont dû changer aussi. Je dois dire que cela m'a demandé beaucoup de courage et de force pour me rappeler que le sens, lui, ne change pas, que nous avons tous besoin encore d'être ensemble, de chanter et de partager la joie. Le fait que mes enfants sont grands aujourd'hui, a aussi contribué à changer la forme de nos fêtes. En cherchant à retrouver les repères essentiels pour les réinventer, j'ai réalisé que mes enfants avaient vraiment intériorisé le sens de nos célébrations. Ils m'ont beaucoup aidée à renoncer à la forme et à m'attacher au fond. Ce que j'avais voulu semer en eux avait donc réellement pris racine.

Les fêtes ont un sens, il n'y a aucun doute.

J'ai suivi cette conviction, tel le fil d'Ariane dans le laby-rinthe de la vie. Je vous livre ici le fruit de mes recherches et toute la joie que j'ai trouvée dans la célébration des passages de la vie avec ceux et celles que j'aime.

Puisse cette joie vous inspirer de très nombreuses fêtes.

France

Les enfants et les fêtes

Les enfants adorent les fêtes. Ils aiment rire et s'amuser ; ils aiment chanter et jouer. Les enfants aiment par-dessus tout que les adultes fassent la fête avec eux. Et leur joie se trouve décuplée quand nous rions, jouons et chantons avec eux. Fermez les yeux quelques instants et ramenez à votre mémoire les plus belles fêtes de votre enfance. Qu'y voyez-vous ? Quelle est la source de votre joie ? Des tonnes de cadeaux ? Non, bien sûr que non. Le menu du repas ? Non, ça non plus n'avait pas d'importance. Dites-moi quelle est votre joie dans ce souvenir d'une fête heureuse... Je gage que cette image est faite de gens que vous aimiez et de joie partagée avec eux. Même dans l'histoire d'une enfance difficile se cachent de petits moments de bonheur : un adulte aimant qui nous regarde avec amour, une caresse tendre peut-être, même une main glissée dans la nôtre et qui aura fait fuir nos peurs. Une fois adultes, nous espérons ardemment retrouver ces moments. C'est pourquoi il y a une part de nous qui aime encore les fêtes et en attend beaucoup.

Les célébrations qui jalonnent l'année sont autant de respirations dans le déroulement des jours. Elles marquent le rythme des choses, des saisons, de la croissance, de la vie. Les fêtes et leur déroulement sont extrêmement importants pour les jeunes enfants puisqu'ils leur offrent des repères stables et prévisibles. Ils insufflent un rythme à la vie de l'enfant et, surtout, ces fêtes sont l'écho de la vie qui l'entoure. C'est l'incarnation du fait que chaque chose vient en son temps, qu'il y a un temps pour chaque chose et qu'il ne sert à rien de tout précipiter. Voilà, entre autres, comment on transmet la patience et la force d'âme aux enfants.

Les fêtes que l'on prévoit et qui reviennent chaque année sont aussi un marqueur du temps biologique, le temps humain, par opposition au temps mécanique imposé par le progrès technologique. Ces fêtes freinent, en quelque sorte, la spirale d'accélération de notre époque.

Quand ces fêtes sont chargées de sens, l'enfant constate que la vie a un sens et donc, que sa propre vie en a également un. Les traditions sont aussi le rappel qu'il y avait beaucoup de choses avant nous, et qu'il y en aura encore beaucoup après nous. Voilà comment on transmet, entre autres, le sens de sa propre identité aux enfants, la juste mesure de leur contribution au monde et, finalement, un grand sentiment de sécurité intérieure : puisque le monde tenait parfaitement avant que j'arrive et depuis un bon bout de temps, je peux également croire qu'il ne s'effondrera pas maintenant ou dans un avenir que je peux envisager.

S'il est utile d'expliquer le sens de certains gestes aux ados, il vaudrait mieux éviter de le faire avec les petits. C'est que les enfants n'abordent jamais une célébration avec leur rationalité ni leur intellect, ou du moins ce serait déplorable qu'il en soit ainsi. Souhaitons qu'ils entrent dans la fête avec la spontanéité du cœur... et souhaitons-nous la même chose ! Voilà pourquoi il ne sera pas utile d'expliquer le sens de nos gestes aux enfants : ils recevront ce sens si nous le portons en nous-mêmes. Les enfants imitent les grands, non pas seulement dans les gestes, mais également dans l'attitude. Entourés d'adultes recueillis, les enfants se recueillent ; devant leurs parents pleins d'espérance, les enfants ressentent cette espérance et s'en imprègnent.

Ainsi, à Noël par exemple, il ne sera pas utile de leur expliquer que toutes ces bougies représentent la petite flamme d'espérance que nous gardons à l'intérieur de nous pour les longs mois d'hiver. Simplement, nous le saurons, portant cette image dans notre cœur, et les enfants le ressentiront.

Voici quelques repères qui m'ont permis d'expérimenter des célébrations dans lesquelles on entre avec un recueillement fébrile, que l'on vit avec joie et exubérance. Et dont on sort empli de satisfaction et du sens de la vie.

Les préliminaires

Pour qu'il y ait une célébration, il est essentiel de déterminer un lieu et un temps qui soient significatifs. Par exemple, personne ne songerait à célébrer Noël le 27 décembre. La célébration rituelle d'une fête appelle aussi la participation de chacun comme acteur et non comme simple spectateur. Il faut également une mise en scène et des gestes qui sortent de l'ordinaire afin de marquer l'événement. Tout cela pourra être installé par l'utilisation d'objets symboliques, chargés de porter le sens de cette célébration.

Dès qu'un de ces éléments ne signifie plus rien pour la communauté, le rite se trouve rompu et sans valeur émotive ni spirituelle. Voilà pourquoi il nous faudra réfléchir au sens de la fête pour nous, et prendre un grand soin à choisir les gestes, les objets et la participation de chacun à cette fête. C'est pour la même raison qu'il nous faudra peut-être ajuster notre manière de faire afin qu'elle corresponde aux valeurs de notre communauté. On ne cherchera pas à rendre la fête plus «facilement accessible», mais bien à lui garder son sens intact dans la plus grande simplicité.

D'abord, disons tout de suite que la préparation fait partie de la fête. Appelons cela la montée. C'est la montée de l'excitation bien sûr, mais aussi la montée du sens, le dépouillement progressif de ce qui nous cachait la fête; c'est le moment d'en installer le sens.

C'est ainsi que nous préparons les œufs de Pâques bien avant le jour de Pâques et décorons le sapin bien avant le jour de Noël. La montée est importante parce qu'elle annonce la fête, installe l'attente et nous permet d'en déployer le sens doucement.

Table de la nature

À la maison, nous avons une «table de la nature». Toujours présente dans les classes des écoles Waldorf, la table de la nature est un petit coin où nous déposons des choses qui nous rappellent la nature à l'extérieur, ses changements, ses cycles et sa majestueuse beauté. C'est un peu comme si nous créions, à l'intérieur, une évocation du paysage extérieur. Cette table de la nature est donc modifiée à chaque changement de saison, un petit peu tous les jours, de façon à suivre les mouvements de la nature à l'extérieur.

Une petite table de 80 cm sur 40 cm fera très bien l'affaire. Mais vous pourriez tout aussi bien désigner un coin du comptoir de la cuisine aux dimensions plus réduites. L'important, ce n'est pas la grandeur de cette table de la nature, mais bien sa simple présence et les belles choses que nous y déposerons.

D'abord, nous mettrons une nappe ou un joli napperon avec des couleurs qui évoquent la saison. Par exemple, nous mettrons une nappe verte pendant l'été, brune ou pourpre durant l'automne, et nous recouvrirons le tout de soie blanche quand les premières neiges arriveront. Nous accrocherons au mur un tissu léger comme l'air du ciel et qui complètera le fond : en été, un grand carré de soie jaune clair pour évoquer le soleil et, en hiver, un carré de soie bourgogne ou prune qui installe tout de suite la noirceur de cette saison. Nous fabriquerons beaucoup de choses nous-mêmes pour cette table de la nature. Petits personnages en cire d'abeille, lutins de feutrine, fleurs de papier de soie, panier miniature de jute, et j'en passe! Rappelons-nous simplement que, pour remplir son office, cette table de la nature sera essentiellement composée d'objets de matières naturelles : jute, cuir, soie, laine, bois, feutre de laine, coton, cire d'abeille, argile. Ces matériaux nobles sont l'écho des splendeurs de la nature.

Pour en savoir plus sur la confection d'une table de la nature, je vous suggère le livre de M. V. Leeuwen et J. Moeskops, *The Nature Corner : Celebrating the Year's Cycle With a Seasonal Tableau*, publié en 1991, par Floris Books (Gryphon House).

Cette table de la nature nous permettra d'amener la fête, en y déposant des merveilles qui l'annoncent, les objets symboliques dont nous parlions plus haut. Par exemple, quelques semaines avant Pâques, nous déposerons des branches de pommier fraîchement coupées dans un grand vase d'eau chaude et sucrée. Et voilà la renaissance et la résurrection annoncées simplement. Surveiller ces branches chaque jour pour y découvrir un petit bourgeon qui s'ouvre sur une fleur, voilà l'essence de la montée. L'attente fait partie de la fête, nous prépare à son déploiement. C'est l'inspiration et le souffle retenu avant que vienne la longue expiration joyeuse. La fête, c'est l'expansion après la contraction. Voilà pourquoi elle peut être si exubérante !

Plus les enfants participeront à la préparation de la fête, plus ils se sentiront habités par sa joie et imprégnés par son sens. C'est en y travaillant que l'on se sent partie prenante de la fête. Je ne parle pas d'être celle qui ne s'assoit jamais et fait le service pour tout le monde. Non. Je parle d'apporter mes richesses, mes ressources ; je parle de saisir l'occasion d'ajouter ma couleur et mes talents à la préparation d'une célébration collective. C'est ainsi que les enfants découvrent le plaisir qu'il y a à donner : donner de ses talents, de son temps et de sa joie aussi.

Parmi les préliminaires, peuvent se trouver des histoires à raconter aux petits, de la musique à écouter ensemble, des chants particuliers à apprendre et à chanter, de petits objets à fabriquer. L'idée étant toujours d'installer le sens de la fête et aussi sa joie. Ce qui n'exclut pas la spontanéité. Certaines fêtes se décident rapidement et se réalisent tout aussi rapidement. Les préliminaires dans ce cas sont certainement moins nombreux ! L'important, c'est de savoir qu'il y a un avant, un pendant et aussi un après.

C'est ainsi qu'on va permettre à la célébration de redescendre ; un temps pour laisser l'énergie terminer son mouvement vers l'extérieur. C'est donc très souvent ce moment qui nous permettra d'intérioriser ce que nous venons de vivre. Tout cela ne se fait sans doute pas de manière consciente, mais nous avons besoin de temps après la fête pour nous approprier tout ce que portait cette fête.

Voilà sans doute pourquoi les réceptions à la chaîne que connaissent tant de familles durant les fêtes de fin d'année sont particulièrement épuisantes. Le corps, le cœur et l'âme ont besoin d'un temps d'arrêt pour s'approprier le sens de la fête, en toucher l'héritage en quelque sorte. Il est donc normal qu'au lendemain d'une célébration, notre journée soit très calme et, très souvent, lente.

Quelques mots sur les cadeaux, qui font si souvent partie de la fête. Il est facile de remarquer que le nombre et l'ampleur des cadeaux jouent un rôle dans la fête. Il nous faudra prendre garde qu'ils n'occupent pas la place principale, déplaçant ainsi le cœur de la fête vers l'accessoire plutôt que vers la joie d'être ensemble. Contrairement à ce qu'on croit généralement, ce ne sont pas les beaux cadeaux qui font une belle fête pour les enfants. Ce sont les moments de rire et de joie. Évidemment, si la fête se résume au repas et aux cadeaux, il me semble évident que les enfants accorderont beaucoup d'importance à ceux-ci. Mettons plutôt l'accent sur la préparation des cadeaux pour les autres. Si chaque enfant est invité sérieusement à fabriquer des cadeaux, son attention sera dirigée vers l'attente d'offrir certainement tout autant que vers celle de recevoir. Ici, il n'est pas question de se demander à qui l'enfant «doit» donner un cadeau. Nous atteindrons mieux notre objectif si nous lui demandons à qui il a envie de faire un cadeau. Le cadeau devient alors porteur de sens, et non pas l'objet d'une convention. Sans doute faudra-t-il accepter parfois qu'il n'offre rien à grand-maman qui est pourtant si gentille avec lui. On peut s'assurer qu'il y a réfléchi et a choisi de ne pas en offrir. Mais tenter de le faire changer d'avis à tout prix, c'est détourner le sens de l'offrande. Insistons plutôt pour qu'il en prépare un, et laissons-le choisir à qui il l'offrira. Après la fête, il sera toujours temps de lui souligner la générosité de chacun à son égard et, pourquoi pas, lui faire préparer une carte de remerciement. Ce sont les fêtes qui permettent aux enfants de reconnaître la générosité, d'apprendre la gratitude et le plaisir d'offrir. Ces trois choses ne descendent pas du ciel au moment de la naissance.

Finalement, un dernier mot sur l'installation d'une tradition. Sa valeur et son poids reposent évidemment sur sa répétition. Ce qui veut dire qu'il nous faudra bien réfléchir avant d'installer quelque chose, de manière à ne pas perdre de vue que tout cela devra se répéter l'année suivante. Évitons les rituels trop compliqués ou alambiqués qui nous empêcheraient d'en reproduire les gestes fondamentaux. Ce qui rassure les enfants, c'est le retour inaltérable des célébrations.

Alors, voilà, nous sommes prêts à faire le tour de l'année!

Les quatre fêtes cardinales

Pâques, la Saint-Jean, l'Action de grâce et Noël sont les quatre grandes fêtes cardinales de l'année. Elles sont liées aux quatre saisons et à l'intensité de la lumière que recèle chacune d'elles. Elles sont aussi à l'image des «respirations» de la terre et de notre vie, de la mouvance de la vie vers l'intérieur puis vers l'extérieur. Inspiration puis expiration.

Ces quatre temps particuliers de l'année sont, depuis des millénaires, l'occasion pour l'être humain de lever les yeux pour observer le ciel et faire le point sur l'état de la nature qui l'entoure. Remarquer l'ordre des choses dans la Création a toujours réveillé un sentiment de vénération pour la pensée créatrice qui était derrière. Ce regard nous permet encore aujourd'hui de réfléchir à nos origines et de nous sentir solidaires de l'univers, inexorablement liés que nous sommes à tous nos frères et sœurs humains. Toutes les religions du monde se sont servies de ces points de repères pour déterminer des fêtes religieuses. Ces fêtes cherchaient à nous «relier» à notre aspect spirituel... *religere*, en latin, n'est-il pas la source du mot *religion*?

Remarquez que les fêtes se placent toujours autour des changements de saison. Ainsi, l'équinoxe du printemps est le 22 mars, et nous célébrons Pâques entre le 22 mars et le 25 avril, le premier dimanche suivant la pleine lune de l'équinoxe du printemps. Après cet équinoxe, le jour va durer plus longtemps que la nuit, jusqu'au solstice d'été.

C'est la résurrection de la lumière qui est ainsi marquée et l'espoir qu'elle va bientôt briller plus fort encore, au sens propre comme au figuré.

Le solstice d'été arrive le 21 ou le 22 juin, et l'on fêtera la Saint-Jean le 24. C'est la pleine lumière, son explosion.

L'équinoxe d'automne a lieu le 23 septembre, et l'on fêtera l'Action de grâce le deuxième dimanche d'octobre. C'est la fête des moissons, de l'engrangement des récoltes de la terre, fête de notre reconnaissance, mais aussi celle de l'intériorisation de la lumière pour ne pas se laisser aller à la dépression qu'engendre l'obscurité grandissante. Elle est ainsi liée à la fête de Pâques; elle en est la forme «inspirée», intériorisée alors que Pâques en sera l'«expiration» extériorisée.

Le solstice d'hiver, qui a lieu le 21 ou le 22 décembre, précède de peu la fête de Noël. C'est la fête de la plus puissante chaleur intérieure de l'année, celle où nous célébrons la lumière qui nous habite et se révèle au plus noir de l'année. Traditionnellement célébrée par des échanges de cadeaux et des retrouvailles, elle fait écho à la fête de la Saint-Jean. Alors que Noël est une recherche intérieure de la lumière, la Saint-Jean sera son expression extérieure la plus marquée.

Savoir tout cela nous permet d'admirer l'incroyable cycle de la nature et de la vie. Et d'en être émerveillés. Cela nous permet de trouver notre juste place dans cette immense Création et son incessant mouvement de va-et-vient. Connaître le sens des fêtes nous permettra aussi de trouver les gestes symboliques les plus appropriés.

Mais ces explications rationnelles des symboles n'apportent rien aux fêtes. Elles ne touchent pas le cœur des grands, et jamais celui des enfants. C'est pourquoi il nous faut sans doute nous pencher longuement sur chacune d'elles avec les autres adultes de notre entourage afin de trouver quelles valeurs y sont rattachées, et quel chemin est le plus propice pour s'approprier ces fêtes.

Pâques

Pâques est la fête d'une espérance millénaire, universelle et profonde.

Il nous faut célébrer cette immense fête parce que, plus que tout, me semble-t-il, nous avons besoin de cette espérance. Et nos enfants avec nous. Car l'espérance s'apprend, n'en doutez pas. Elle n'est pas une habileté donnée à la naissance, non. Elle vient de ces désirs qu'on a portés sans qu'ils se réalisent tout de suite. Elle vient de ces rêves que des grands nous ont aidés à porter pendant des semaines, des mois, parfois même des années. L'espérance vient d'avoir désiré quelque chose sans que personne nous décourage volontairement en chemin. Bien au contraire! Ceux et celles qui connaissent l'espérance, connaissent aussi la patience et l'attente silencieuse. Ils savent faire jaillir des images de simples vœux et s'accrocher si fort à ces images qu'il arrive qu'elles les mènent sur le sentier de la création. Ce sont ceux-là qui changent le monde.

Combien de fois avons-nous tué l'espérance des enfants en pensant leur apprendre des choses? Combien de fois notre cynisme et notre propre angoisse ont-ils écrasé la candeur? Pâques est la fête de toutes les espérances.

La terre qui semblait morte et immobile se réchauffe et fait jaillir les pousses vertes, signe du recommencement du cycle de la vie. La lumière des jours qui semblait diminuer sans cesse en décembre revient, brillante, éclatante. Toute la vie animale qui semblait se terrer depuis ces longs mois d'hiver, toute cette vie s'accouple et se multiplie. En

Amérique du Nord, on le ressent même dans notre corps, qui a dû être enserré dans des vêtements chauds et épais. Voici que ce corps retrouve l'air libre et la chaleur du soleil. De la même façon, notre culture chrétienne nous rappelle que le Christ a transcendé la mort et qu'il est ressuscité. N'est-ce pas porteur de promesses formidables ?

Tout le sens de Pâques est dans cette incroyable résurrection de la vie et de la nature : voici que tout ce que nous avions cru mort revient à la vie.

J'ai toujours retrouvé le sens de Pâques dans les récits de vies transformées : je pense notamment à ceux et celles qui ont rejoint les rangs des AA ou d'un autre mouvement des « douze étapes », se libérant ainsi des chaînes de l'alcoolisme ou d'une autre dépendance. Ne sont-ils pas tous les ressuscités du XXIe siècle ? Tous ceux et celles qui ont connu un traumatisme et l'ont transcendé, comme les victimes d'accidents de la route gravement blessées et qui traversent le long désert de la réadaptation, les personnes atteintes de cancer et qui jouissent d'une rémission après une lutte difficile, tous ceux et celles qui sont passés par la prison et qui vivent aujourd'hui une vie fructueuse. Tous ceux et celles qui ont perdu un être aimé, qui ont cru que leur vie était finie et qui ont de nouveau tourné leur visage vers la lumière de la vie. Enfin, tous ceux et celles qui ont connu l'enfer de la dépression et de la maladie mentale, qui ont vu leur être intime tenu pour mort dans ce dédale de pensées obscures et qui ont retrouvé la sortie du labyrinthe.

Oui, tous ceux-là portent un témoignage vivant de la fête de Pâques : voici que tout ce que nous avions cru mort revient à la vie.

Quelle incroyable dose d'espérance nous est offerte à Pâques ! L'espérance dans un grand mystère qui nous inclut tous, car qui peut vraiment dire ce qui fait jaillir le crocus de terre, exactement à cette période de l'année ?

Célébrer Pâques, c'est donc célébrer à la fois l'espérance de la vie et son incroyable mystère. Comme je l'ai déjà dit, il ne faudrait pas expliquer tout cela aux tout-petits, mais simplement le porter en nous, en étant assurés qu'ils le recevront à leur mesure. Quand les plus vieux nous le demanderont, nous essaierons de nous rappeler que ce n'est pas l'explication qui est la plus importante, c'est la fête! Alors tout cela sera le plus simple possible.

Dans la semaine qui précède la fête, nous lirons aux enfants des histoires qui racontent l'espérance des hommes et des femmes depuis que le monde est monde : *Le vilain petit canard* pour les petits, *Helen Keller* pour les plus grands, ou d'autres récits porteurs du sens de la résurrection. Pourquoi ne pas raconter l'histoire du Christ? Même si vous ne vous considérez pas comme chrétiens, le message de Jésus ne peut pas vous échapper. Voilà un homme qui révolutionna complètement la vision du monde de son époque et opposa un amour inconditionnel à l'injustice des castes et des dogmes. Il permit aux pauvres et aux rejetés d'espérer. Leur vie avait un sens et leur être, une valeur inaltérable. Voilà un homme qui choisit de mourir pour l'amour dont il parlait. Et cet amour le ressuscita! On le crut mort, mais l'amour transcende la mort!

Bien sûr, nous aurons décoré nos œufs de Pâques, que nous déposerons dans le petit jardin (voir p.27) et sur la table de la nature. Il y a mille façons de les décorer : papier de soie, peinture, gravure, encre, teinture, pochoir, etc. Choisissez une façon qui procurera du plaisir à tout le monde. Si la préparation de la fête se fait dans la joie, la fête elle-même aura toutes les chances d'être joyeuse.

Le matin de Pâques, nous aurons réveillé les enfants à quatre heures afin d'aller recueillir l'eau de Pâques avant le lever du soleil. Nous aurons préparé des thermos de chocolat chaud et de café, des noix, des fruits et des croissants, que nous apporterons dans un sac à dos. Ce réveil, au cœur de la nuit, ne sera pas sans rappeler la nuit de Noël, et c'est très bien :

l'espérance que nous avions emmagasinée dans notre cœur à Noël rejaillit aujourd'hui, vivante et puissante.

Les enfants seront excités, et ce sera parfait. Après les avoir bien emmitouflés, nous les embarquerons tous dans la voiture et nous partirons, en route vers une source d'eau vive. Si l'on habite en ville, on pourrait aller dans un parc où se trouve un étang, une fontaine ou un bassin. L'important n'est pas de trouver de l'eau potable, mais bien de trouver de l'eau, source de cette vie. On ne boira pas l'eau de Pâques, à moins d'être absolument certain qu'elle est potable. Avec l'eau que nous aurons recueillie, nous choisirons plutôt d'arroser notre petit jardin de Pâques. Ce geste nous rappellera que l'eau est une source de vie, et que nous participons à cette vie, à notre mesure.

Ensuite, nous trouverons un petit coin tranquille et, bien emmitouflés dans notre manteau, nous attendrons le lever du soleil. Je trouve que ce renouvellement quotidien de la lumière est vraiment inspirant, particulièrement au matin de Pâques, où nous célébrons notre capacité à espérer. Peut-être aurons-nous grimpé dans la montagne pour avoir un meilleur point de vue. Alors, nous grignoterons les petites collations et boirons le chocolat chaud, tout en patientant. On a tort de croire que les fêtes réussies sont celles où il n'y a pas un seul instant de répit. Les fêtes réussies sont celles qui nous nourrissent, nous permettent « d'être avec ». Quand le soleil jaillira de l'horizon, le silence s'installera de lui-même, sans doute à cause de la splendeur du spectacle. Puis, les enfants pousseront invariablement des cris de joie et l'on chantera, tous ensemble, un chant joyeux. Il n'est pas nécessaire qu'il soit long, non plus chanté dans une parfaite harmonie. L'idée, encore une fois, est de célébrer notre espérance ensemble, voilà tout.

À notre retour, le lapin de Pâques aura sans doute caché des œufs en chocolat partout dans la maison. Nous aurons prévenu les enfants que les récoltes seront mises en commun, puis redistribuées également entre eux tous. Ainsi, la chasse aux œufs ne se transformera pas en guerre de tranchées !

Avec chacun leur petit panier, ils chercheront fébrilement, en essayant de ne pas oublier d'œufs... Cachez-les bien, et les enfants auront encore plus de plaisir à les chercher. Les plus vieux préféreront peut-être une vraie chasse au trésor avec des énigmes et des épreuves. Cette chasse aux œufs ou au trésor représente, symboliquement, le passage difficile qui précède toujours le retour de la vie : l'agonie du Christ, la lumière du jour dont nous sommes privés pendant si longtemps, le froid qui nous enveloppe avant que la chaleur revienne.

Le reste de la journée sera l'occasion de jouer ensemble : scrabble, bataille navale, dames chinoises, etc. Peut-être même cuisinerons-nous tous ensemble le souper de Pâques. Le menu, encore une fois, est sans importance. C'est la préparation du repas qui est fondamentale, et le soin qu'on mettra à accueillir ceux qui le partageront avec nous !

Comme les enfants auront reçu beaucoup de chocolat, il faudra mettre une limite à ce qu'ils ingurgiteront. Au bout d'une semaine, je range au congélateur ce qui n'a pas été mangé, et c'est ce chocolat qui servira à préparer la fondue au chocolat du repas de Noël. Pour moi, il y a un lien évident...

La table de la nature annonce le printemps

Trois semaines avant Pâques, nous aurons fait un petit jardin dans un panier que nous aurons pris soin de doubler d'un sac de plastique. Grains de blé, trèfles, violettes, ce pourrait aussi être un bulbe en pot... Nous semons ce qui va sortir de terre à temps pour Pâques. Demandez à un horticulteur combien de temps prendra votre bulbe pour fleurir et plantez-le pour qu'il fleurisse le matin de Pâques ou juste un peu avant. Le jardin n'a pas besoin d'être grand. L'idée consiste simplement à offrir à notre regard un petit morceau de ce qui se passe dehors. Nous serons donc dans l'attente et l'espérance, nous aussi, de ce qui se prépare, alors que rien ne paraît. Peut-être y déposerons-nous une souris en feutrine, ou bien un oiseau de soie qui fera écho au retour des vrais oiseaux dehors. Déposé sur une nappe vert tendre, ce petit jardin intérieur nous permettra de sentir la «montée» de Pâques et de vivre l'attente qui rend les fêtes si vivantes.

La Saint-Jean

L a période de la Saint-Jean porte toute l'expansion que prend la vie en cette époque de l'année. D'abord, c'est le solstice d'été, le jour le plus long, dans l'hémisphère nord. Ensuite, c'est la fin de l'année scolaire et, finalement, le début de la chaleur qui va s'installer pour quelques mois. Alors que le printemps a réalisé la renaissance de la nature, cet été qui commence suit la grande «expiration» de la terre. En plus, il s'agit de notre fête nationale !

C'est sans doute pour toutes ces raisons que nous célébrons la Saint-Jean autour d'un grand feu de joie, symbole de la chaleur qui s'installe, de la lumière qui atteint son maximum et aussi du passage de l'intérieur à l'extérieur. Ça vaut vraiment la peine de se creuser la tête pour trouver un lieu où faire ce grand feu. Le symbole est important et rassembleur.

Cette fête devrait être pleine de joies, de rires et de grands jeux à l'extérieur. C'est le moment parfait pour les chants joyeux autour du feu. Même les chansons à répondre y trouvent leur place et contribuent à ce rassemblement. Ce seront les premières guimauves caramélisées sur le feu au bout d'une branche, les chasses au trésor dans le petit boisé, et les grandes farandoles qui font danser tout le monde.

Nous avons tant de choses à célébrer durant cette fête ! Tant de souffles retenus à relâcher, enfin !

Il n'est pas anodin que notre fête nationale corresponde au moment de l'année où tout explose. Peut-être cela fait-il écho à notre nature collective qui est chaleureuse, démonstrative et spontanée. Pavoisons! Le fleurdelisé est porteur de ce qu'il y a de plus vivant en nous. Nous célébrons ainsi le peuple que nous sommes, peu importe notre allégeance politique. Et les drapeaux qui claquent au vent n'évoquent-ils pas le déploiement des forces de la nature qui s'expriment avec tant d'exubérance en cette période de l'année? Les fêtes de quartier seront les plus intéressantes, parce qu'elles nous permettront de nous retrouver avec notre communauté élargie. Nous retrouverons ces voisins que nous avons à peine entrevus durant l'hiver. La Saint-Jean, c'est le temps des retrouvailles. Retrouvailles avec la chaleur si précieuse, retrouvailles avec cet espace extérieur qui nous donne tant de liberté et, enfin, retrouvailles avec tous ceux que le froid et la neige avaient retenus loin de nous.

Nous mangerons dehors, évidemment! Les enfants seront émerveillés en pensant à toutes ces journées libres qui s'annoncent! Nous tâcherons de les leur laisser le plus possible et d'éviter de les inscrire dans un camp dès le dernier jour de classe. Ils auront envie de courir, de crier, de chanter à pleins poumons et de rire «pour rien».

La Saint-Jean, c'est tout cela!

La table de la nature célèbre l'été

Nous placerons peut-être une nappe toute verte sur notre petite table de la nature, afin de rappeler l'herbe qui est maintenant bien vivante. Une petite souris ou deux, que les enfants auront cousues dans de la feutrine, et les premières fleurs d'été de notre jardin.

L'Action de grâce

Dans toutes les cultures, on marque le passage de l'été à l'automne au moment de l'équinoxe. La nuit arrive de plus en plus tôt, et le froid s'installe. Ce passage du temps, autant que le changement de climat, nous appelle à intérioriser la lumière qui diminue à l'extérieur. C'est aussi la période de l'année où les enfants rentrent à l'école. Après avoir passé l'été dehors, ces petits s'installent maintenant à l'intérieur.

Encore une fois, constatons que tous les peuples de la terre célèbrent cette période de moisson et d'abondance. Toutes les cultures ont trouvé une manière de remercier la terre, Dieu, la Vie. En Europe, on célèbre la Saint-Michel le 29 septembre. Saint Michel est un archange qui vint combattre le dragon venu des ténèbres, lequel menaçait la communauté humaine de sombrer dans le chaos et la désespérance. On célèbre cette fête pour marquer le combat qu'il nous faut mener afin de ne pas « sombrer » à notre tour, au moment de l'année où la noirceur et le froid s'installent. La Saint-Michel, c'est surtout la fête symbolique de la transformation annoncée par les épreuves, la fête de ce qui est en devenir. En cela, elle est l'écho de notre longue marche dans la condition humaine.

Ici, cette célébration est soulignée par la fête de l'Action de grâce. Elle célèbre le courage intérieur qu'il faut pour ne pas sombrer avec la lumière déclinante, et la joie que procurent la moisson et la générosité de la nature, à cette période de l'année.

Métro recette.
Céréales muesli
50 % fruits et noix

Ingrédients

22 portions
Préparation : 1 min.
Cuisson : 0 min.

- 1 boîte de céréales à flocons multigrains
- 1 1/2 tasse de flocons d'avoine
- 1/2 tasse d'amandes tranchées
- 1 tasse de bananes séchées
- 1/2 tasse de graines de citrouille

- 1/2 tasse d'arachides rôties non salées
- 1/2 tasse de pacanes coupées en deux
- 1/2 tasse de noix de cajou rôties non salées
- 1/2 tasse de canneberges séchées
- 1/2 tasse d'ananas séchés hachés
- 1/2 tasse de raisins secs
- 1/2 tasse de dattes séchées hachées

. Verser tous les ingrédients ans un grand bol et mélanger dou-ement.

. Vider dans un contenant her-étique destiné aux céréales.

3. Servir.

Richard Plourde
RECETTES.QC.CA

Pour faire « monter » la fête, on peut raconter aux enfants une histoire qui porte le sens de cette fête : l'histoire du prince qui n'avait peur de rien, celle de Cendrillon ou encore celle de Jean le fidèle, toutes trois des frères Grimm. Pour les plus vieux, vers douze ans, on pourra leur raconter l'épopée d'Alexandre le Grand. Toutes ces histoires évoquent la communion de l'âme et de l'esprit, et la victoire du courage sur les épreuves de la vie. Et pourquoi, après les avoir racontées plusieurs fois, ne pas en choisir une et la monter en saynète avec les enfants ? Présentée aux membres de notre famille élargie, elle serait le clou de la fête !

Dans ma petite famille, nous célébrons la fête de l'Action de grâce depuis plus de quinze ans. Célébration des générosités de la terre nourricière, la fête de l'Action de grâce est aussi l'occasion de manifester notre reconnaissance pour toutes les marques d'abondance que porte notre vie. Pour moi, c'est trois enfants que j'aime, un amoureux formidable, un travail qui me satisfait et qui me permet de gagner ma vie, etc. Voici l'occasion de porter un regard de reconnaissance sur toutes ces choses que nous tenons pour acquises.

C'est le moment où nous engrangeons dans notre cœur toutes ces grâces qui marquent notre route : une amie qui nous a soutenu lors d'une période difficile, un groupe de support qui nous permet de grandir, un jardin partagé avec ma fille et qui nous a donné de beaux légumes. Un regard en arrière sur ces bontés de la vie, et voilà qu'il nous est permis d'espérer que le chemin qui nous attend, devant, nous mènera là où il nous faut aller.

Au matin du jour de l'Action de grâce, nous sortirons l'aquarelle et le papier. On pourrait tout aussi bien prendre les craies de cire ou encore les pastels. Jouant des trois couleurs primaires, nous ferons jaillir la lumière et les formes, au gré du pinceau ou des craies. Il ne s'agira pas ici de représenter quelque chose ; il s'agira simplement de faire jaillir la lumière des couleurs, c'est pourquoi l'occasion est trop belle de faire participer les enfants. Chacun s'amusera avec la couleur, de manière à couvrir tout l'espace de la feuille, sur ses deux côtés. Celle-ci nous servira plus tard, alors nous l'aurons laissé sécher tranquillement au soleil.

Ce jour-là, le travail de la terre sera précieux, avec ou sans les enfants : séparer les plants de pivoines, transplanter les croix de Jérusalem. Cueillir les graines de capucine que nous sèmerons l'an prochain. Travailler la terre au jour de l'Action de grâce nous rappelle toute la gratitude que nous portons en nous pour la vie qui a jailli et qui nous nourrit. Pourquoi ne pas planter des bulbes dont les fleurs écloront en mai prochain ? Nous avons peut-être travaillé la terre tout l'été ; mais au matin de l'Action de grâce, nous la travaillerons avec l'*intention* d'y trouver le sens de la fête. Peut-être n'avez-vous pas de jardin, mais des plantes d'intérieur qui pourraient être l'objet de vos soins attentifs. Peut-être choisirons-nous aussi de faire une balade en montagne, ou à vélo. Peut-être irons-nous aider une amie dans son jardin, laissant le vent d'octobre rosir nos joues et faire voler nos cheveux. Dans toutes ces idées, le plus important demeure peut-être de se placer devant l'immensité de la vie qui nous entoure, de poser un regard émerveillé sur une force plus grande que la nôtre, exprimer notre reconnaissance de pouvoir profiter de ces merveilles. En un mot, voici le jour où nous reconnaîtrons toutes les bontés de la vie pour nous, et où nous dirons merci.

Après avoir bien travaillé et après tous ces saluts à la nature, nous rentrerons boire le vin chaud. Et là, avec les enfants, nous découperons des formes dans les aquarelles du matin : cœurs, anges, pétales de fleurs, ou n'importe quelle autre forme qui porte le sens de notre action de grâce. Ces formes auront environ cinq centimètres carrés.

Une fois tous ces cœurs découpés, nous les poserons dans un panier et nous passerons au salon avec un bon jus de pomme chaud pour les enfants. Tous assis ensemble, l'un de nous sera désigné comme scribe pour tout le groupe. C'est lui qui écrira sur les cœurs pour nous tous. Chacun est alors invité à dire ses grâces et ses remerciements à voix haute, pendant que notre scribe les inscrit sur les cœurs de couleur. Le fait de les dire à voix haute nous permet simplement de les partager, de les reconnaître ensemble. Surtout, cela permet d'inclure les enfants qui ne savent pas encore écrire. Nous prendrons soin de n'opérer aucune censure, et sans doute serez-vous surpris de constater que les enfants ne diront pas de sottises. La première année de notre célébration, l'aîné avait trois ans, et je me souviens que, pour lui expliquer ce qu'était une grâce, nous lui avions dit qu'il s'agissait d'une chose qui le rendait vraiment, vraiment heureux, sans qu'il y soit pour quelque chose. Son visage s'éclairant, il s'écria : « Alors merci pour les saucisses à hot-dog ! » Et c'est ce que nous avons écrit. Qui peut juger des grâces d'un autre ?

Allons-y donc spontanément comme eux, et que chacun puisse s'exprimer au moment où il le jugera opportun. Surtout, rappelons que personne n'est forcé de parler. Parfois, entendre toutes ces marques de gratitude fera en sorte que nous restions silencieux. Ce moment devrait en être un de grande joie et de recueillement, sans doute, mais sans aucune austérité. Oui, n'est-ce pas joyeux de voir tout ce qu'on a reçu ?

Quand chacun a pu dire ce qu'il voulait dire et qu'il ne reste bientôt plus qu'un silence plein de reconnaissance en songeant à toutes ces bontés, il est temps de manger ! Nous déposerons tous ces cœurs au centre de la table, formant une sorte de tapis autour d'une grosse bougie. Alors, tous debout et se tenant par la main, pourquoi ne pas chanter quelque chose ? Le chant est toujours rassembleur et joyeux. Partout dans le monde, on a écrit des chants d'actions de grâce. Si vous n'en connaissez pas, allez piger dans le répertoire populaire, et vous trouverez sûrement un chant joyeux qui célèbre la vie. Chantez, chantez, c'est si doux pour le cœur, le corps et l'âme !

Après avoir bien chanté et bien mangé, nous passerons la soirée à jouer et à rire, tous ensemble. Vous pourriez choisir de chanter après le repas et ce serait tout aussi bien. Gardez tout cela très simple et trouvez votre façon à vous de faire. Pas de discours sur la famille, l'amour et le partage. Simplement, beaucoup de joie et une sacrée belle soirée. Soyons ensemble, réunis et heureux ! C'est cela, une fête !

Les petits cœurs en papier passeront peut-être la semaine sur un beau napperon, où nous aurons déposé la grosse bougie, tout cela sur un coin du comptoir. Puis, un beau matin, les enfants les retrouveront, formant un mobile très simple, monté sur deux baguettes de bois croisées, accroché dans un coin de la cuisine.

Et, aux jours difficiles, ces cœurs légers, que la moindre brise fait danser, nous rappelleront que notre route est jalonnée de grâces et qu'il nous suffit de rentrer à l'intérieur de nous-mêmes pour en retrouver toute la chaleur.

Il y a sans doute mille façons de célébrer l'Action de grâce. Et toujours, ce sont des gestes simples qui portent le sens de la fête. Il y a plusieurs années, j'accompagnais à la ferme une classe de troisième année. Au cœur de cet automne où le froid s'installait, brûlaient pourtant les fabuleuses couleurs des feuilles.

J'étais penchée avec un groupe d'enfants sur le jardin. Ce sont nos mains humaines qui devaient récolter les graines que la nature avait déposées au cœur des fleurs. Nous étions penchés, à la recherche de ces graines. Nous étions fébriles, au début. Puis, il nous a bien fallu ralentir : les graines de basilic tiennent sur la tête d'une épingle, et les bousculades nous empêchaient de les cueillir. Parfois, dans nos vies, ne nous faut-il pas examiner très attentivement les petites choses pour y découvrir autre chose en devenir ?

Après le basilic, nous avons ramassé les graines des tagètes, puis nous sommes allés vers les capucines. Alors que nous en cherchions les graines au cœur de la fleur, il nous a fallu quelques minutes pour découvrir qu'elles se trouvaient le long des tiges, grosses comme des pois chiches. Vous dire notre joie de les découvrir, après les avoir cherchées un bon moment, sans les trouver !

Le soleil nous chauffait le dos et l'air frais emplissait nos poumons. À genoux dans la terre, j'avais joint mes mains en coupe et les enfants y mettaient les graines de capucine, les unes après les autres, s'exclamant chaque fois d'en découvrir de nouvelles, cachées sous un amas de tiges. J'ai dit tout simplement : « Il y a, là-dedans, les fleurs de l'an prochain. » Et, les enfants ont regardé ces graines avec un autre regard ; ils sont restés immobiles, soudainement.

Et, dans le silence de notre petit cercle, mes mains tenant des fleurs en devenir, n'ai-je pas senti le souffle chaud de la grâce sur nous tous, enfants émerveillés ?

L'Halloween

La fête de l'Halloween fait écho elle aussi, et à sa manière, à la nécessité de se préparer à la noirceur et à la froidure. Cette marche «de nuit», dans les rues, n'est-elle pas un défi lancé à la peur? Une sorte d'appel au courage des enfants, sous des dehors joyeux? Les déguisements sont ici l'instrument symbolique de ce courage, et les bonbons, les fruits de cette victoire. Ainsi, cette fête peut être autre chose que le prélude aux caries dentaires!

Je vous propose de raconter une histoire aux enfants en préparation à l'Halloween (voir page 38). Cette histoire a l'avantage de placer la fête dans un contexte précis, en lui donnant un sens. Mais vous pourriez en inventer une autre. L'idée, c'est de permettre aux plus jeunes de choisir des déguisements qui soient investis positivement. Ainsi, il serait dommage que de tout petits enfants de cinq ans se déguisent en squelette ou en vampire. L'Halloween pourrait être l'occasion parfaite pour eux de jouer le rôle d'un «fort» et d'un «bon». Ce genre de jeu de rôle permet aux enfants de s'approprier les valeurs et les forces de ces héros. Une telle identification peut être puissante si l'on choisit bien le héros en question : Robin des bois, un chevalier, le lutin rusé et compatissant de l'histoire, une princesse, une fée aimante. Ainsi, le déguisement porte un sens et fait pénétrer l'enfant dans un monde de force et de bonté.

En plus de l'histoire, la «montée» sera faite de la préparation du costume. Si vous le pouvez, fabriquez-le vous-même. La valeur d'un déguisement fait par ses parents est inestimable! Je vous promets que votre enfant le gardera précieusement et, qui sait, sans doute le remettra-t-il pour vous faire un spectacle dans les mois qui suivront. En plus, cela permet de choisir de beaux tissus, riches, et de qualité. C'est autre chose que le polyester des costumes vendus en magasin!

Et les bonbons! Ils seront d'autant plus précieux pour vos enfants si c'est la seule occasion de l'année où ils en auront. Si vous les gavez de sucreries pendant toute l'année, ces «fruits» du courage seront évidemment sans valeur. Dans le même ordre d'idées, voyez à ce que la manne ait une fin. Chez nous, les enfants peuvent·manger autant de bonbons qu'ils le désirent pendant les trois jours qui suivent. Ils peuvent même choisir de souper aux bonbons! Et c'est la fête qui devient exubérante! Mais après trois jours, tous les bonbons disparaissent. C'est la fin de la fête.

Une histoire en préparation de l'Halloween

Il était une fois, il y a très, très longtemps, une grande forêt dans un pays lointain, où vivaient des sorcières. Chaque année, la forêt diminuait de taille et souffrait de voir ses arbres coupés par les humains. Soucieuses de préserver leur royaume, les sorcières se réunirent pour trouver une solution. La plus âgée d'entre elles tenait le rôle de chef. Et c'est elle qui suggéra à l'assemblée de punir les humains en volant autant d'enfants qu'ils couperaient d'arbres. Chaque année, le 31 octobre, jour anniversaire de cette grande réunion, on attraperait tous les petits enfants qu'on croiserait à la nuit tombée. Toutes les sorcières acquiescèrent à cette idée afin de punir les adultes de prendre si peu soin de la forêt.

Cependant, un petit lutin, qui aimait jouer dans les feuilles mortes, se trouvait tout près de la grande réunion des sorcières et tendit l'oreille pour n'en rien manquer. Mais sa curiosité lui valut de se faire prendre, et c'est devant toute l'assemblée qu'il dut répondre de sa présence. Prenant la défense des petits enfants, le lutin fit valoir qu'ils étaient innocents des crimes de leurs parents. La sorcière la plus âgée en convint, mais ne voulut pas revenir sur la décision. Le petit lutin demanda alors à la sorcière si les petits lutins seraient épargnés, et on lui promit qu'aucun lutin ne serait importuné.

– Mais comment nous distinguerez-vous ? demanda le petit lutin.

– Nous vous reconnaîtrons aisément à vos vêtements si particuliers et au bruit des clochettes que vous portez toujours au bout de vos chaussons.

Le petit lutin repartit en courant, heureux de s'en tirer à si bon compte, mais le cœur en peine pour tous ces petits enfants qu'il aimait tant. Alors, le rusé lutin eut une idée lumineuse. Si tous les enfants se déguisaient en lutins, au soir du trente et un octobre, les sorcières se retrouveraient confondues et ne pourraient pas commettre leur forfait. Il alla trouver ses copains lutins et leur demanda de faire le tour de toutes les maisons pour prévenir les enfants et leur demander de se déguiser au soir fatidique.

Et c'est ainsi que tous les enfants furent épargnés et que, depuis ce jour, on se déguise toujours le soir de l'Halloween, à la barbe des sorcières !

Adapté d'un récit de Jacob Brindamour, « La vengeance des fées » (*Qu'est-ce qu'on fait aujourd'hui*, tome II, Jacob Brindamour et South Miller, 1996, éditions Trécarré, Montréal)

La table de la nature fête l'abondance

Les Perséides sont des pluies d'étoiles filantes, qu'on observe vers la mi-août. Ces étoiles ne sont-elles pas l'évocation de la lumière qui diminue sans pour autant disparaître tout à fait? Voilà pourquoi nous choisirons de décorer notre table de la nature avec des objets qui jouent avec l'ombre et la lumière, et rappellent la transformation de la nature : étoiles transparentes de papier de soie, épis, glands, marrons, écorce. Quelques tournesols dans un vase, ou encore une corbeille de fruits mûrs, et une bougie, évidemment. Pourquoi ne pas demander aux enfants de fabriquer une guirlande de feuilles d'automne? L'important, ici, est de se souvenir que ces décorations auront du sens, dans la mesure où il s'agira de vraies représentations de la nature, et non pas d'imitations en plastique ou en verre.

Noël

L es fêtes de Noël. Que de souvenirs reviennent à ma mémoire! Où sont donc passés ces noëls de notre enfance, que nous attendions avec tant d'impatience? La table débordante de victuailles, la parenté qui arrivait en secouant ses bottes, la messe de minuit toujours trop longue. Tout cela se trouve encore tapi au fond de nous.

Je crois bien qu'aucune fête ne suscite autant d'émotion que Noël. Les plus extraordinaires chicanes de familles ne s'y déclarent-elles pas? Les plus sombres souvenirs ne s'y rattachent-ils pas? Et les plus lumineux aussi! Oui, tout cela est bien tassé au fond de nos cœurs. Et peut-être avons-nous choisi de tout jeter en même temps pour ne plus jamais ressentir ces peines si vives. Quel lourd tribut pour un peu de paix!

Noël, c'est tout à la fois la période du rapprochement, de la famille, et celle de l'enfermement de l'hiver et du froid. Être ensemble pour de longs mois à venir. Nous constatons la mort de la nature, la noirceur qui s'installe.

Mais l'être humain participe à une inaltérable quête de lumière. Voilà sans doute pourquoi toutes les traditions du monde ont marqué cette période d'une grande fête. Afin que nous puissions continuer de porter en nous-mêmes cette lumière, même lorsque notre environnement semble s'assombrir. Voilà pourquoi l'Église catholique célèbre la naissance du Christ le 25 décembre, quatre jours après le solstice d'hiver, la journée la plus courte de l'année. Pour qu'au cœur de la difficulté, nous puissions nous rappeler toujours que l'espérance est possible.

Les fêtes de Noël sont le repère qui nous permettra d'attendre le retour de la lumière dans notre vie. La fête de Noël souligne la nécessité de partager ensemble notre condition humaine, même dans les moments les plus arides. Même quand tout va mal. Même quand tout semble être définitivement mort pour nous. Noël, c'est toute l'humanité qui relève la tête, ployant sous le joug des difficultés, pour se tourner vers le ciel, vers l'immensité de la vie. C'est toute notre force d'espérance qui se déploie.

Comme toutes les autres fêtes, la période de Noël dure plus qu'une simple journée. C'est une célébration qui «monte» doucement, connaît dix jours de festivités et se termine lentement dans les dix jours suivants. Les fêtes commencent avec la période de l'avent et se terminent avec la fête des Rois. Dès le mois de novembre, nous nous serons mis à la fabrication des cadeaux. Nous aurons mis beaucoup de temps à réfléchir sur ce que chacun sait faire et à trouver ainsi la manière d'offrir le meilleur de nous-mêmes. Ici, il importera davantage de nourrir le désir d'offrir et d'évacuer le devoir et les conventions. Souvent, nous avons réussi à faire ce que nous croyions impossible. Ainsi, j'ai fabriqué une poupée qui m'a demandé plus de cent heures de travail ; j'ai réalisé une série de cartes postales en aquarelle alors que tout le monde sait que mon talent pour le dessin est exécrable. Mais l'histoire de la nativité ne porte-t-elle pas précisément cette idée que l'incroyable peut se produire ? Parmi les cadeaux que nous offrons aux enfants, il y en a toujours au moins un que nous aurons fabriqué nous-mêmes. Un berceau de bois pour une poupée, une taie d'oreiller avec les armoiries de Poudlard (l'école de sorciers que fréquente Harry Potter), de petits personnages pour le château de bois, des animaux tricotés pour la ferme, un album de photos entièrement annoté, etc. Oui, à Noël nous prendrons soin de mettre beaucoup de nous-mêmes dans les cadeaux offerts. N'est-ce pas la fête, entre toutes, qui célèbre le plus puissamment les liens de la communauté ? Surtout, essayons de nous rappeler que notre amour ne passe pas uniquement par les cadeaux et qu'il est faux de croire que « beaucoup de cadeaux » équivaut à « beaucoup d'amour ». Choisissons plutôt de donner peu de cadeaux, mais des jouets qui nous permettront d'être ensemble à s'amuser avec les enfants.

Dès le premier décembre, nous lirons chaque soir aux enfants une histoire qui porte le sens de Noël, du partage et de l'attente. Il y a de nombreux livres magnifiques qui ont été écrits spécialement pour la période de l'avent. Chaque année, nous lisons le même livre de contes et les enfants attendent chaque histoire avec autant d'excitation que dans les années passées. Ils les connaissent toutes, évidemment ! Mais ce geste leur permet de participer à la « montée » vers la fête. Ils ont compris qu'il faut faire certaines choses avant d'arriver au sommet, et ils grimpent avec joie sur ce sentier !

La couronne de l'avent tient le même rôle : marquer le passage du temps et la « montée » vers la fête. Je la fais différente chaque année. Parfois en pâte à sel, le plus souvent possible en branches de sapin. On trouve des façons de la fabriquer dans de nombreux livres de bricolage de Noël. L'important, c'est qu'il y ait quatre bougies qui tiennent debout en son pourtour. Trois d'entre elles seront blanches et la quatrième, rouge. Ces bougies marquent les quatre semaines de l'avent qu'il nous faut traverser avant d'arriver à la fête. Le premier dimanche de décembre, nous allumons la première et chaque soir au souper, nous la rallumons. La deuxième bougie sera allumée au deuxième dimanche, et aux repas de cette semaine-là, il y aura deux bougies allumées. Et ainsi de suite, jusqu'à la nuit de Noël, où nous allumerons la quatrième et dernière bougie.

Nous avons aussi un calendrier de Noël qui instille encore la capacité d'attendre. Il s'agit d'un grand tableau de feutrine sur lequel sont installés quelques arbres et la crèche vide. Chaque jour, chacun trouvera quelque chose dans sa petite pochette pour l'ajouter au tableau : petites pierres qui traceront le chemin vers la crèche, quelques cristaux et des cocottes. Puis des arbres, des moutons, des bergers, des oiseaux. Finalement, au dernier jour avant Noël, ils trouveront Joseph et Marie, l'enfant Jésus et l'étoile qui brillait dans le ciel pour annoncer sa naissance. Voilà un calendrier qui permet d'indiquer une route, ce vers quoi l'on s'en va. Je le préfère au calendrier de chocolat où l'enfant est mis au centre de l'activité – au risque que le sens de la fête, déplacé vers l'enfant, s'éloigne de son puissant message : continuons d'espérer dans l'attente, même si rien ne semble avoir encore de sens pour l'instant.

Même si vous ne croyez pas que le Christ est le fils de Dieu, de grâce ! racontez l'histoire de Jésus à vos enfants ! D'abord parce que cette histoire est fondamentale dans la culture occidentale. La retrancher de la culture des enfants équivaut à les déraciner, les priver pour toujours de leur propre histoire. Ensuite, cette histoire est porteuse de tant de force qu'il ne faudrait pas passer à côté, simplement parce que vous êtes en froid avec l'Église. Imaginez un peu la puissance de cette image : un enfant nouveau-né, un petit être faible et sans force, incarne l'amour infini de Dieu. Voilà qui nous apprend que l'important se trouve souvent dans les petites choses et que ceux que l'on croit les plus faibles peuvent se révéler être ceux qui transporteront les autres. Cet enfant né dans une étable n'a eu que l'amour de sa mère et de son père. Et cet amour a suffi. Trois fois, Marie et Joseph ont cogné aux portes des auberges, avec persévérance et courage. Et finalement, le troisième aubergiste a fait une place dans l'étable alors qu'il n'y en avait plus du tout. La communauté a donc trouvé une façon de les aider. L'aubergiste avait sans doute songé que le boeuf soufflerait sa chaleur sur la mère et l'enfant. Voilà une histoire hors du commun et, en même temps, si proche de la nôtre. Noël, c'est peut-être le récit de cette famille qui n'avait rien qu'eux trois dans l'adversité, qui ont tenu bon jusqu'à ce que la communauté leur fasse une place, sans rien attendre en retour.

Évidemment, dans la semaine qui précède la grande nuit, nous ferons des biscuits de Noël. Nous en mangerons peut-être quelques-uns en route, mais nous garderons la plupart pour les accrocher au sapin le matin de Noël. Encore une fois, nous aurons travaillé sans en obtenir les fruits immédiatement; nous acceptons d'attendre avec confiance, certains que nos efforts n'auront pas été inutiles. Bien sûr, nous n'expliquons rien de cela aux enfants. Comme toujours, ils recevront ce que nous portons dans nos cœurs.

La nuit de Noël est à notre porte. Laissons de la place à l'exubérance et à l'excitation des enfants. C'EST NORMAL! Participons à leur joie et à leur enthousiasme. Si nous sommes facilement irrités par leurs débordements, c'est peut-être que nous avons vu trop grand pour la fête et que sa préparation nous demande trop d'énergie. Il est alors grand temps de réviser nos projets à la baisse. Je vous assure qu'un Noël plus simple et des parents joyeux feront de meilleurs souvenirs qu'un repas à cinq services, la maison pleine de monde et les parents qui disputent sans cesse les enfants pour les calmer!

Un petit mot sur les anniversaires qui se présentent durant les fêtes. Notre petite Raphaëlle est née un 23 décembre. La célébration des anniversaires est précieuse et très éloignée de la fête de Noël. Dès sa naissance, nous avons avisé toute la communauté qu'il n'était pas question de lui offrir de gros cadeaux *deux-dans-un* pour englober les deux fêtes. Nous célébrons son anniversaire, généralement autour du 20 décembre. Ce n'est qu'après cette date que les décorations de Noël sont installées. Jusqu'au lendemain de sa fête, il n'y en a aucune, même pas le sapin. De cette façon, nous marquons les événements distinctement, et c'est bien Raphaëlle qui est au centre de la fête le jour de son anniversaire.

À dix-neuf heures, le soir du 24 décembre, les enfants sont consignés dans leur chambre en espérant qu'ils finiront par s'endormir... Et ils s'endorment toujours après de nombreux appels pour un verre d'eau et autant de : « Je ne suis pas capable de dormir ! »

Pendant que les enfants sont couchés, nous monterons le sapin vers lequel, tout à l'heure, ils marcheront, émerveillés. Il faut aussi dresser la table qui sera sans doute pleine d'étoiles pailletées, de chandelles et de coupes en verre, même pour les enfants ! Au centre trônera la couronne de l'avent, dont nous allumerons enfin la quatrième bougie.

Au réveillon, nous invitons les gens avec qui nous nous sentons bien, les gens avec qui nous avons envie de partager ce repas hors de l'ordinaire et l'espérance qui nous habite. Nous invitons également tous ceux qui sont seuls ce soir-là, peu importe pour quelle raison. Il nous est arrivé de recevoir des gens que nous ne connaissions pas, simplement parce qu'on nous avait parlé d'eux et nous les avons invités avec joie. Nous célébrons ainsi cette fête qui nous assure que tous les efforts requis par notre condition humaine n'auront pas été inutiles. Tous nos amis arrivent vers vingt-deux heures.

Il fut une époque où nous allions assister à la messe de Noël à la prison de Bordeaux. Nous allions passer quelques heures avec ces hommes que je visitais chaque semaine, au moment le plus cruel de leur emprisonnement. Ce geste m'importait davantage que tous les préparatifs de la fête, puisqu'il incarnait, plus que tout, ce rappel de notre condition humaine commune, et mon désir de la partager avec les rejetés de notre communauté. C'est là que commençaient vraiment les festivités de la nuit de Noël, pour moi.

À minuit tapant, tous les adultes réunis entonnent un chant de Noël au pied du lit des enfants pour les réveiller. L'expérience m'a appris que les petits de moins de trois ans ne se réveillent pas toujours. Ce n'est pas grave. Ils découvriront leurs cadeaux au matin, tout simplement.

Une fois qu'ils sont bien réveillés, nous descendons tous au sous-sol où les adultes joueront l'histoire de la nativité, devant des enfants amusés de voir leurs parents déguisés pour l'occasion. Les rôles auront été distribués au hasard, avant le réveil des enfants, et les déguisements seront puisés dans le grand coffre des enfants. Ainsi, il nous est arrivé d'avoir une Vierge Marie à barbe, jouée par mon frère aîné, et un ange Gabriel portant un diadème de princesse. Loin d'être austère, cette saynète cherche à installer la joie et le sens de la fête : en Occident, nous célébrons la naissance du Christ, et c'est cet événement qui porte toutes les valeurs de la fête.

C'est alors que nous nous retournons vers la majestueuse table où nous partagerons un repas auquel tous auront participé. Il n'a pas besoin d'être compliqué, ce repas, il suffit qu'il soit joyeux et délicieux. Et, bien sûr, nous le terminerons par une fondue au chocolat dans laquelle se trouvera l'excédent des chocolats de Pâques que nous avions conservé au congélateur.

Après le repas, les cadeaux! Tous assemblés autour du sapin, nous commencerons la distribution en permettant aux plus jeunes d'offrir leurs cadeaux les premiers. Ainsi, ils expérimenteront d'abord la joie d'être celui qui donne, avant d'être celui qui reçoit. Jamais les enfants ne se sont opposés à cette manière de faire, bien au contraire. Chez nous, celui qui reçoit le cadeau doit chanter un chant de Noël en guise de remerciement. Il est vrai que cela prolonge la distribution des cadeaux, mais personne ne reçoit jamais le sien dans l'indifférence, et celui qui offre quelque chose est certain d'assister au spectacle de la joie, qu'il a préparée avec tant d'affection. Pas de cadeau abandonné pour cause d'avalanche de présents ! En lieu et place, beaucoup de joie partagée !

Et la nuit s'écoulera doucement en rires et en chansons, pour finir par des enfants qui s'endorment paisiblement, en tenant dans leurs bras la nouvelle poupée toute neuve...

Je connais des familles où l'on célèbre les douze nuits de Noël. Il s'agit des douze nuits qui séparent Noël de la fête des Rois mages. Dans ces familles, la nuit de Noël est davantage une fête de jeux et de chants, les cadeaux étant peu nombreux. On les garde plutôt pour en déposer un, chaque nuit, au pied de l'arbre. Et, au matin, les enfants trouvent un nouveau présent. Cette manière de faire a l'avantage de faire durer l'esprit festif de cette période sur plusieurs jours, d'une part, et d'éviter l'avalanche de cadeaux de la nuit de Noël, d'autre part. Au lieu de mettre l'accent sur les cadeaux, nous permettons à la fête de révéler son sens profond.

La table de la nature dans l'attente de Noël

Notre table de la nature sera prête pour le premier jour de l'avent. On y aura déposé une nappe rouge, et suspendu un fond bleu profond. Peut-être choisirons-nous d'installer notre crèche sur cette table. Alors, nous ajouterons chaque jour un petit quelque chose qui construise le décor : cocottes, cristaux, petites fleurs séchées, puis, un petit mouton de feutrine ou de laine jusqu'à l'apparition du berger. La crèche devrait être vide et les personnages de Marie et Joseph, en chemin vers elle. Faites-les avancer chaque jour un petit peu pour induire leur voyage vers cette crèche. Ainsi, cette table deviendra un tableau vivant de l'histoire que nous nous apprêtons à commémorer.

Le jour de l'An

La célébration du jour de l'An marque évidemment la fin de quelque chose et le début des promesses que porte le germe de la nouvelle année. Au matin du jour de l'An, on pourrait choisir de s'écrire une lettre à soi-même, dans laquelle on inscrirait tout ce qu'on se souhaite pour l'année qui vient. Nos désirs, nos souhaits, nos projets, nos ambitions. Une lettre comme on aimerait en recevoir : pleine d'encouragements et d'affection. Une lettre pour dire adieu à tout ce qui s'est passé dans l'année qui s'achève, pour tourner la page. Cette lettre resterait personnelle, bien sûr, et ne serait lue qu'au matin du 31 décembre suivant. Cachetez-la bien comme il faut, et rangez-la précieusement, sans y jeter un seul coup d'œil, jusqu'à la fin de l'année. Voilà un geste symbolique très simple qui peut nous permettre de finir l'année et d'en faire le bilan pour en tirer l'héritage. Cela permet également de poser un regard clair sur notre vie et les changements qui se sont opérés en nous.

Un autre geste traditionnel du jour de l'An était la bénédiction paternelle de notre enfance. Peut-être a-t-elle aujourd'hui pour nous un goût poussiéreux. Cependant, cette bénédiction peut porter en elle un message extraordinaire : voici l'occasion pour nous, les parents, de rappeler notre engagement à prendre soin de vous, nos enfants, à veiller sur votre bien-être. Par ce geste, nous vous rappelons que vous pourrez toujours compter sur nous, sur notre amour, sur notre soutien inconditionnel.

Peu importe les mots précis que vous utiliserez. S'il vous convient toujours de le faire *au nom du Père, du Fils et du*

Saint-Esprit, faites-le. Sinon, trouvez la formule qui correspondra à vos convictions. Trouvez les mots qui porteront le sens de cette bénédiction. Ce geste rituel est un rappel de votre engagement de parent, et même d'adulte. Tous les grands ont le devoir de prendre soin des petits. En ce sens, ce geste n'est pas réservé aux seuls parents. Peut-être vous êtes-vous engagé envers un enfant qui n'est pas le vôtre; peut-être vous êtes-vous engagé envers de jeunes adultes qui ne sont pas membres de votre famille biologique. Ce n'est pas le code génétique qui détermine notre souci des plus petits. Simplement, assurez-vous de coordonner ce petit rituel avec d'autres adultes présents dans la vie de l'enfant.

Bénir son enfant

Donner une bénédiction, c'est souhaiter du bien à quelqu'un. Vous trouverez votre propre formule, mais je vous en propose une qui pourra servir de piste :

« En ce premier jour de l'année, nous voulons vous redire que vous êtes ce que nous avons de plus précieux. Au matin de votre naissance, nous avons contemplé avec émerveillement toutes les promesses de votre vie nouvelle. Puissiez-vous vous rappeler toujours notre joie de vous avoir dans notre vie! Et puissions-nous toujours vous soutenir sur le sentier de votre propre vie. Que Dieu vous bénisse et vous guide. »

Prononcées au premier jour de l'année, ces paroles descendront dans le cœur des enfants aussi sûrement que l'eau pénètre la terre fertile.

Dans un passé récent, le jour de l'An était l'occasion de retrouver la famille élargie. Les quelques jours qui la séparaient de Noël donnaient le temps à tous de faire les longs voyages que la distance commandait. Cette « respiration» entre les deux fêtes permettait de respecter un certain rythme dans les réjouissances. Cette respiration est encore nécessaire, et il faut déplorer les soirées de fête qui se succèdent, aujourd'hui, sans interruption. Dans un tel capharnaüm de soirées festives successives, il n'y a pas que nos estomacs qui souffrent! L'âme et l'esprit ont aussi besoin de calme pour intégrer les joies de la fête qui vient d'avoir lieu. Sans doute en sommes-nous arrivés à cet enchaînement haletant, en partie à cause de l'éclatement de la famille traditionnelle et de la multiplication des obligations sociales qui l'ont accompagné. De nos jours, on a beaucoup de monde à voir pendant le temps des fêtes! Peut-être le temps est-il venu de faire le tri dans ce chapelet de soirées auxquelles on assiste, sans en avoir vraiment envie. Rien n'est plus vidant que d'aller à une fête sans le vouloir vraiment. C'est en s'obligeant à aller à de telles fêtes qu'on en vient à perdre le sens de la célébration. Au bout d'un certain temps, il ne s'agit plus que d'une série d'obligations mortellement ennuyantes et fatigantes.

Pour retrouver le plaisir du temps des fêtes, il faudra trouver en soi le courage de s'exposer peut-être à la réprobation de quelques-uns afin de vivre ce que l'on veut vraiment vivre. Pour vous donner ce courage, songez qu'il n'y a que vous qui puissiez faire quelque chose pour avoir le temps des fêtes que vous voulez. Et, qui sait? Peut-être que beaucoup d'autres, autour de vous, seront heureux de franchir la porte que vous ouvrirez en choisissant avec soin les fêtes auxquelles vous voulez participer. La vie est si courte. N'en gâchons pas un seul instant, sous prétexte d'éviter des conflits.

La fête du jour de l'An est certainement l'occasion d'élargir le cercle de la fête à la grande communauté. C'est le moment de danser comme des fous, de chanter à tue-tête. Sortez vos instruments de musique, vos cuillères, vos tambourins! L'année est finie, et son cortège de difficultés et d'épreuves est derrière nous. C'est l'heure des jeux et des fous rires. Essayez les jeux coopératifs où personne ne peut perdre. Vous en trouverez dans de nombreux livres qui explorent la question. Un de ces jeux qu'on peut faire à tous les âges m'a été expliqué par une amie. Il s'agit de la chaise musicale, revue et corrigée. Au lieu de retirer la personne qui est de trop quand tout le monde est assis après l'arrêt de la musique, on retire plutôt une chaise, avec la consigne que tous doivent s'asseoir quand même. Au premier tour, il y a donc dix chaises et onze personnes qui doivent toutes s'asseoir. Au deuxième tour, on compte neuf chaises, mais toujours onze personnes. Au troisième, huit chaises, mais encore onze personnes. Et ainsi de suite, jusqu'à ce qu'il n'y ait plus qu'une seule chaise avec onze personnes assises les unes sur les autres! Je vous garantis que vous vous amuserez!

Les Rois

Voici la célébration qui fait écho à la nuit de Noël. Alors qu'à Noël nous étions tournés vers nous-mêmes, ici, nous rappelons le long voyage que firent trois mages afin d'offrir un présent à un petit enfant pauvre. C'est la fête de la générosité, de l'effort fourni pour quelqu'un d'autre. C'est aussi le rappel du voyage sans bon sens de trois personnes qui ont suivi une simple étoile pour trouver leur chemin. Fallait-il être *fou* pour se fier à une simple rumeur et entamer un long voyage pour aller contempler le Sauveur ! Peut-être cette fête est-elle l'occasion de réveiller notre audace, de nous rappeler que les projets fous sont vitaux quand ils portent notre élan profond... Peut-être est-ce l'occasion de nous demander pour qui nous pouvons être ces *fous*, prêts à tout pour manifester notre amour. Notre voyage personnel sur cette terre nous mènera-t-il vers la contemplation de ce qu'il y a de meilleur en l'humanité ? Nous mènera-t-il à notre propre humanité ?

La fête des Rois, c'est l'occasion d'être bons envers nos compagnons de route. Ainsi, nous ferons une galette des Rois à la pâte d'amande et nous y placerons trois fèves, après avoir raconté l'histoire des Rois mages aux enfants. Et contrairement à ce qui se fait habituellement, il serait sans doute intéressant que les trois «rois» du jour aient le devoir d'être bons et généreux, toute la journée. Le message est extraordinairement puissant : ils sont «rois» et, justement parce qu'ils détiennent le pouvoir de la couronne, ils ont le devoir d'agir avec bienveillance. Chez nous, on fabrique chaque année les trois couronnes. C'est une activité qui prépare la fête, et c'est pendant ce travail que nous racontons l'histoire aux enfants. Ils voudront tous et toutes être ceux que l'on couronnera, et c'est le moment d'expliquer la consigne de bienveillance pour les heureux élus. Le sens de tout cela se déposera doucement dans leur cœur.

La naissance

L a naissance d'un enfant désiré et attendu est une joie formidable. Rien ne se compare au lien qui nous engage envers lui pour toujours. Ce tout petit être humain prend une telle place dans notre cœur et notre vie quotidienne! Sans doute est-ce pour cette raison que les nouveaux parents semblent incapables de parler d'autre chose que du nouveau venu. Nous faisons des rêves pour lui, faits de paix et d'amour, de respect et d'estime. Dans la fête que nous voulons faire à la naissance d'un enfant, il y a le désir de célébrer notre engagement envers lui. Sans nous, il n'est rien. Sans nous, il meurt dans les jours qui viennent.

Dès les premiers mois, nous prendrons la mesure de cet engagement, debout dans le salon, au milieu de la nuit, avec un bébé inconsolable sur notre épaule. Si nous faisons silence à l'intérieur de nous-même, nous verrons que nous sommes debout dans la nuit avec des millions d'autres pères et mères qui veillent sur un enfant quelque part dans le monde. Sur notre cou, le souffle de milliards de mères qui, dans l'histoire ininterrompue de l'humanité, ont donné le sein au bébé affamé, ont lavé ses fesses dodues puis l'ont porté sur elles, le berçant de leurs mouvements. À chaque heure du jour et de la nuit, nous formons tous un immense cercle autour des enfants du monde entier. Nous avons toutes les raisons du monde de célébrer notre entrée dans ce cercle. Célébrer la naissance d'un enfant, c'est aussi célébrer la naissance, en nous, des parents que nous sommes devenus.

Peut-être avez-vous adopté votre enfant. L'adoption comprend également une longue attente. Sans le porter dans votre ventre, vous l'avez porté intensément dans votre cœur, et cela aussi vous lie à lui, avant même de le tenir dans vos bras. D'où qu'il vienne, vous avez suivi un tortueux sentier pour arriver jusqu'à lui, et lui, jusqu'à vous. Il est vrai que l'adoption est différente de la grossesse et de l'accouchement, à de nombreux égards. Mais l'espérance, la joie aussi, l'attente, et finalement l'accueil de ce petit, dont vous avez rêvé, sont les mêmes. Vous avez, vous aussi, construit une histoire avec lui, dès les premiers jours de votre désir d'avoir un enfant, exactement comme tous les parents du monde. C'est une histoire différente, évidemment. Mais les histoires de famille ne sont-elles pas toutes différentes les unes des autres?

Peut-être l'avez-vous adopté alors qu'il était plus âgé. Peut-être, même, l'aviez-vous avec vous depuis un moment, à titre de famille d'accueil, par exemple, et que l'adoption est apparue d'elle-même dans cette histoire d'amour. Tout cela est accessoire, finalement, dans la cérémonie d'accueil que vous vous préparez à accomplir. Ce qui marque pour toujours ce moment, c'est l'engagement que vous prenez envers lui. S'il est plus vieux, il pourra participer un peu plus activement à cette fête, et c'est tant mieux.

Dans toutes les cultures et dans toutes les religions, la fête de la naissance d'un enfant correspond au moment où on lui donne son nom. Bien sûr, vous aurez sans doute choisi son nom depuis longtemps, mais il y aura un moment où vous aurez le petit dans vos bras et vous lui direz son nom à voix haute, en le regardant. Vous l'appellerez. C'est un instant sacré. C'est en l'appelant par son nom que vous le liez à sa communauté et au monde. Son nom le rend unique, le désigne entre tous. S'il s'agit d'un enfant adopté, peut-être a-t-il déjà un prénom. Mais dorénavant, il prendra votre nom de famille. S'il vient de l'étranger, vous hésiterez peut-être entre conserver un prénom qui rappelle ses origines et lui en offrir un nouveau. Cette décision n'appartient qu'à vous. Ce qui importe, c'est de trouver un symbole qui l'inclut dorénavant dans votre cercle à vous, dans sa nouvelle communauté.

Ce sont sans doute toutes ces raisons qui nous font organiser une fête avec beaucoup de monde : la famille élargie, y compris toutes les générations, les amis, les voisins, parfois. « Venez tous ! Une nouvelle « vie » est arrivée chez nous ! » Une grande réjouissance, en vérité, que la venue de ce petit enfant à qui la vie fait plein de promesses !

Même si vous ne choisissez pas le baptême catholique, vous pourriez désigner un parrain et une marraine pour votre petit. Choisir deux adultes, autres que ses parents, responsables devant la communauté du bien-être de cet enfant, ce n'est pas un geste anodin. Ce sont ceux-là qui devront veiller à ce que vous remplissiez bien vos devoirs de parents. Choisissez-les avec soin et discutez avec eux du sens que le titre de parrain et de marraine a pour vous, et des obligations morales que vous lui rattachez. Comme tout cela est à réinventer et qu'aucune règle légale ne régit les liens entre le parrain, la marraine et le filleul, ne craignez pas d'approfondir la discussion avec ceux que vous aurez trouvés dignes de confiance. Après cela, devant toute la communauté réunie pour la fête, reconnaissez le lien que vous venez vous-mêmes d'initier entre cet enfant et ces deux adultes. Ce pourrait être eux qui présentent l'enfant à chacun, qui organisent la fête, qui préparent le livre des vœux. On devrait mettre par écrit l'engagement que ce parrain et cette marraine prennent envers l'enfant afin que chacun prenne bien la mesure du sérieux de la chose. On pourrait calligraphier cet engagement, le laminer, l'inscrire au début du cahier des vœux, etc.

Bien avant cette fête communautaire, vous aurez accueilli cet enfant dans votre intimité. Quels sont les gestes qui porteront le mieux votre désir de lui manifester votre engagement, votre accueil, sa bienvenue et toutes vos espérances pour lui ? Peut-être aurez-vous fabriqué vous-même son berceau de bois. Peut-être vos mains masseront-elles très légèrement chaque partie de son corps dès sa naissance. Peut-être aurez-vous choisi une chanson que vous lui chanterez à la première minute de sa vie. Peut-être même la lui aurez-vous écrite vous-même ! Certains plantent un arbre à la naissance de chaque enfant, d'autres, des bulbes de vivaces. On pourrait écrire un poème, composer une pièce de musique, couler une chandelle, peindre une aquarelle, et plein d'autres gestes qui servent de marqueur permanent. Ce geste indique que notre vie est changée pour toujours, qu'il y a un avant et un après. Ce geste devrait parler à la fois de nous, de notre vie et de cet enfant qui vient d'arriver. Il sera porteur de sens, dans la mesure où il nous permettra d'exprimer l'immensité de ce qui nous arrive, en même temps que l'intimité de sa quotidienneté. Je sais que vous trouverez le chemin qui est le vôtre.

Des vœux pour le nouveau-né

Tout le monde voudra le prendre dans ses bras ! Alors, on pourrait en profiter pour demander à chacun de formuler, à voix haute, un souhait pour lui. Formez donc un cercle autour de cet enfant, symbole millénaire et universel de la protection. Telles les fées des contes de notre enfance offrant leurs dons, vos invités pourront prendre ce petit corps dodu dans leurs bras chauds et rêver à voix haute du meilleur des mondes pour lui, et pour ses parents. Ces vœux pourraient prendre la forme d'un poème, d'une chanson, d'une danse. Pourquoi pas ? Vous vous sentez courageux ? Demandez alors à chacun de formuler un engagement envers le nouveau-né, plutôt qu'un vœu. Vous les aurez tous prévenus à l'avance, évidemment, car on ne s'engage pas à la légère sur la tête d'un nouveau-né. Préparez un grand livre aux pages blanches où chacun pourra inscrire ses engagements, son vœu et ses souhaits. Et peut-être se trouvera-t-il une véritable fée parmi vos invités, pour lui offrir un don en cadeau de naissance !

Ne perdez pas de précieuses minutes à préparer un grand buffet pour tous vos invités. Chacun apportera quelque chose, tout simplement. Mettez plutôt du temps à chercher des musiques, à les fredonner doucement. Prenez le temps qu'il faut pour convaincre le cousin Daniel d'apporter sa guitare, et l'oncle Michel de jouer des cuillères. Chantez, chantez, chantez encore ! Il n'y a pas de fête sans musiques et sans chants ! Mettez-y votre cœur, même si vous n'avez pas l'oreille musicale. La joie fera le reste, je vous le promets.

Les anniversaires de naissance

Les anniversaires de naissance rappellent la venue au monde de quelqu'un. Nous ne fêtons pas l'année qui vient de finir; nous ne fêtons pas non plus l'année qui s'ajoute. Cet anniversaire est le rappel de l'immense joie qu'a été notre naissance pour toute la communauté. Ne devrions-nous pas en entendre l'écho, dans ce cas? Peut-être que notre communauté n'était pas si heureuse de notre venue, cela est possible... Il y a tant de familles souffrantes. Dans ce cas, comme dans tous les autres, ce ne peut pas être simplement un pas de plus vers la mort. L'anniversaire, c'est l'occasion de reconnaître l'unicité de quelqu'un, sa place dans notre vie et notre joie de connaître cette personne et de pouvoir partager avec elle.

L'anniversaire de naissance, c'est également le moment de reconnaître la croissance de chacun; l'incroyable et mystérieuse force qui nous habite et nous attire vers le haut, qui nous appelle vers la lumière, nous faisant croître, nous rendant plus grands, plus forts, plus sages. La vie est faite de bonnes années, de moins bonnes, et d'autres sans éclat. Pourtant, toujours, nous sommes appelés à révéler le meilleur de nous-mêmes. Chaque jour de chaque année nous faisons de notre mieux pour avancer sur cette route de la vie. Les anniversaires remplissent peut-être un rôle de marqueur sur cette route : voilà toute cette bonne volonté déployée. Voyez tous ces jours que nous avons vécus et traversés. J'ai tant de récits à vous conter !

Sans doute faut-il un repas partagé en ce jour de rappel, symbole de la route partagée. Autour de ce repas, les gens qui comptent pour nous, les hommes, les femmes et les enfants qui participent à ce que nous sommes. Pas de conventions, ici. Voici l'occasion de dire toute notre joie d'être en vie ! Voici l'occasion d'exprimer notre joie que l'autre le soit aussi !

Voilà les ingrédients de la fête, mais il y a bien mille façons de les apprêter !

Les anniversaires des enfants

L'essentiel est sans doute de placer la personne au centre de la fête, même si cette personne n'a que cinq ans. Si on avait l'idée de faire venir un cirque pour l'anniversaire d'un enfant de cinq ans, le pauvre petit serait bien vite effacé au profit des clowns et des magiciens ! Alors, ce ne serait plus la fête de l'enfant, mais la fête du cirque. Placer l'enfant jubilaire au centre de la fête, c'est déjà lui indiquer qu'il est le plus important dans tout ce qui va se passer. Même si notre attention est détournée quelques instants de l'essentiel par les chants et les fous rires, il ne nous est pas permis d'oublier que nous sommes rassemblés ici autour de lui. Chez les tout-petits, le signe de cette reconnaissance pourrait être une couronne toute simple et légère (il ne s'agit pas de l'empêcher de jouer !) comme du fil de cuivre décoré d'étoiles, par exemple. Réservez cette couronne pour les jours d'anniversaire et faites du couronnement un moment solennel, au moment de passer à table. Vous verrez que l'enfant attendra avec impatience ce moment où nous le désignons entre tous : oui, c'est bien elle, la personne spéciale, aujourd'hui. Je dois dire ici que, connaissant la coutume de poser une couronne sur la tête du jubilaire, bien des grandes personnes de notre cercle ont attendu avec joie ce moment où je pose sur leur tête le signe distinctif qui leur revient ce jour-là !

À chacun de leurs anniversaires, j'ai raconté à mes enfants leur naissance. Chaque année, la même histoire et, pourtant, jamais ils n'ont voulu qu'on s'en passe ! Il s'agit de beaux récits d'amour, d'attente et de travail, de sueur et de courage. Ce sont de belles histoires d'accueil formidable, de joie partagée et d'espérances jamais trompées. Il y a dans ces récits répétés toute notre joie d'avoir ces enfants dans notre vie et aussi les détails qui rendent chacun si précieux et unique. Aujourd'hui plus âgés, mes enfants me laissent faire avec la gentillesse de ceux qui savent faire plaisir aux autres. Ils m'interrompent régulièrement dans mon récit pour compléter ou dire la suite. Cela me touche chaque fois profondément : à nous deux, nous racontons ce chemin difficile et joyeux que nous avons effectivement fait ensemble il y a bien des années.

Ensuite, nous plaçons l'enfant au centre du cercle que nous formons autour de lui, et qui rappelle celui de sa naissance, et nous chantons le chant d'anniversaire. On pourrait également prononcer des paroles qui reviendraient chaque année et qui seraient chargées de sens pour la famille. Ces mots seront choisis pour mettre en relief la joie de la communauté d'être là, avec lui, mais aussi ses vœux pour cet enfant qui grandit et qui porte en lui toutes les espérances possibles.

Ce qui importe le plus et qui remplit les fêtes de sens, c'est à la fois la simplicité des gestes posés et leur répétition, d'une année à l'autre. Les jeunes enfants reconnaissent l'intention et le sentiment, s'ils sont portés convenablement par les adultes qui les entourent. Ils sentent ce qui est sacré. Pas la peine d'avoir une fête dans laquelle doivent s'insérer tant de gestes et de rituels que le déroulement en devient rigide et ne laisse plus de place à l'initiative et aux changements. Dans ce cas, demandez-vous si vous êtes vraiment à la recherche d'un sens ou de quelque chose d'autre. Deux ou trois gestes significatifs suffisent. Les enfants attendront avec impatience ces repères de la fête : ceux qui en annoncent le commencement, ceux qui les désignent comme personne spéciale et enfin ceux qui marquent la fin de la fête.

Les anniversaires des plus vieux

Nous aurions tort de croire que les adultes n'ont pas besoin de ces gestes, bien au contraire. Il n'est pas excessif de se faire dire une fois par année que notre communauté est heureuse de nous voir en vie ! Combien de fois ai-je assisté à des anniversaires où un étranger aurait été bien en peine de dire lequel d'entre nous nous célébrions !

Célébrons les grands de la même façon que les petits. Préparons une couronne réservée à la personne jubilaire et chantons ensemble pour elle. Chez nous, jamais aucun adulte n'a refusé de porter cette couronne. Chacun sent bien qu'elle représente l'amour et la reconnaissance.

Il ne s'agira pas de préparer un repas compliqué pour épater la galerie. Soyons, une fois de plus, tournés vers la personne centrale de la fête, et préparons-lui quelque chose qu'elle aime. Dressons une table lumineuse et joyeuse, prenant soin de garder tout cela simple, mais beau. La beauté nourrit l'âme et le cœur. Un petit bouquet de fleurs, une chandelle, des serviettes de table fraîchement repassées. Et voici que nous disons, encore une fois, à notre personne jubilaire, qu'elle vaut largement qu'on se donne de la peine !

Juste avant le dessert, chacune des personnes autour de la table offrira un vœu à voix haute pour celui ou celle dont c'est l'anniversaire. Comme nous l'aurons annoncé, les invités auront eu l'occasion d'y réfléchir. Ce pourrait être un souvenir heureux que nous partagerons avec le reste de la communauté. Un souhait que nous formulons pour lui, un trait de caractère que nous apprécions particulièrement. Ce sera l'occasion, souvent, d'entendre tout le bien que nous pensons du *fêté*, et toutes les bonnes choses que nous espérons pour lui. Je vous souhaite d'avoir la chance de recevoir un pareil cadeau. Et je vous promets que cela vous marquera. L'amour marque toujours.

Un mot sur les cadeaux... Il serait vraiment dommage que les cadeaux soient des casse-tête douloureux comme nous l'entendons dire si souvent. Chez nous, nous privilégions les cadeaux que nous fabriquons nous-mêmes. Ainsi, il nous est permis de dire encore, et d'une autre manière, à quel point la personne à qui nous l'offrons nous est précieuse. Pas besoin d'être un grand bricoleur pour ça! Gardons à l'esprit que la simplicité est un repère sûr. L'important, dans un anniversaire, ce n'est pas le cadeau, c'est la personne : c'est notre lien avec cette personne. Un cadeau que nous aurons cuisiné parce que nous connaissons ses goûts, un cahier de collage qui parle de ses qualités, un dessin ou une photographie qu'elle nous inspire, une bouture d'une plante dans un pot que nous aurons décoré. Les idées sont nombreuses et variées. Fouillons dans les revues de bricolage et les livres de notre bibliothèque locale. Rappelons-nous en premier, et en dernier lieu, que ce n'est pas le prix d'un objet qui lui donne de la valeur, même si tous les marchands du monde voudraient vraiment que l'on croie cela. Fermez les yeux un instant et rappelez-vous le plus beau cadeau que vous ayez reçu... Je parie que ce n'est pas son prix qui vous a rendu si heureux.

Prière d'espérance

Dans les écoles primaires à pédagogie Waldorf, à chaque anniversaire, l'enseignant prononce ces paroles que l'enfant répète après lui :

Mon Dieu, fais que je sois
Durant les douze mois
De cette année nouvelle
Pareil à la chandelle
Qui brûle devant moi.
Fais que mon âme
Brille comme la flamme
Et comble ainsi tout ceux
Que j'aime de mon mieux.

La puberté

Qu'est-ce qui marque vraiment le passage de l'enfance à l'adolescence? Ce ne saurait être simplement le début des menstruations ou l'apparition des éjaculations nocturnes, car alors on réduirait le rôle des humains à la fertilité et à la reproduction. La puberté n'est-elle pas plutôt cette entrée dans le monde des adultes, marquée par une nouvelle capacité à jongler avec les idées, le bien et le mal, l'ouverture aux autres et la responsabilité qui vient avec? Oui, la puberté porte tout cela, et les rituels de passage devraient les porter aussi. Ainsi, le véritable passage s'annonce-t-il dans une série de comportements nouveaux, de regards nouveaux, de manières nouvelles. Accompagné de transformations corporelles, ce passage est crucial car il offrira ou n'offrira pas le sentiment de faire partie de la communauté.

Il ne faut pas croire, évidemment, qu'il n'y a pas de rites simplement parce que nous n'en organisons pas. Depuis les premiers jours du monde, les hommes et les femmes ont su marquer la différence qui s'installait chez la petite fille qui devenait une femme. Beaucoup de ces rites spontanés ont encore aujourd'hui pour principal facteur d'enfreindre les règles. Le désir de transgresser les règles fait partie des changements qui surviennent dans la vie d'un adolescent. Si cette transgression n'est pas accompagnée, elle pourra porter sur tout autre chose que ce que nous souhaiterions.

Abandonnés dans ce passage, beaucoup d'adolescents le franchissent par l'intermédiaire d'une première relation sexuelle. Et ce qui devait être une entrée grandiose dans le royaume de la vie adulte se réduit malheureusement à bien peu de chose. Et où se trouvent alors la force, le courage et toutes ces choses que les hommes et les femmes cultivent depuis la nuit des temps, et qu'il nous faut transmettre à nos fils et à nos filles ? Je crois qu'il vaut la peine de se creuser la tête un peu afin de construire un pont qui permette à nos adolescents d'entrer dans la vie adulte debout, et la tête haute.

Si nous sommes tous d'accord sur le fait que la puberté est d'abord un signal corporel qui met en place une série de transformations physiques et hormonales, il ne faudrait pas, cependant, que ces changements physiques soient le seul repère. L'être humain est un animal social qui cherche sa place dans une communauté, et c'est ainsi qu'il nous faut aborder cette puberté. Il ne s'agit pas d'un moment précis, à une date précise, mais bien d'un dessin qui s'éclaircirait petit à petit, telle la photographie qui apparaît dans le bassin de révélateur du photographe. Ainsi, il serait regrettable de célébrer le passage de la puberté d'une enfant de neuf ans qui vient d'avoir ses premières menstruations, si celles-ci ne font pas partie d'un ensemble de choses qui forment le passage à la puberté.

Ce qui nous aidera davantage à cerner ce passage, ce sont évidemment ces dizaines de petits changements d'humeur et de comportements. Son intérêt nouveau pour la féminité, son corps et celui de sa mère, par exemple. Et ce jardin secret qu'elle commence à défricher et qui peut prendre la forme d'un journal intime ou de longues conversations téléphoniques, loin des oreilles indiscrètes. Un groupe d'amis qui devient une référence dans toutes les conversations. De nouvelles revendications concernant son espace personnel, ses sorties ou encore de grands emportements sur le thème de la justice, de la liberté et même du monde ! Tous les parents le savent, la puberté, c'est cet instant de déséquilibre où les filles et les garçons hésitent entre l'enfance et l'âge adulte. Ils souhaitent continuer d'être protégés, mais exigent une plus grande autonomie. Ils veulent aussi pouvoir utiliser toutes leurs ressources dans de nouvelles relations interpersonnelles, mais sont souvent malhabiles dans ces nouvelles relations. Voilà pourquoi ils sont à la fois forts et fragiles.

Comment donc leur construire ce pont? Comment permettre à ce jeune équilibriste d'avancer jusqu'au bout du fil de fer? Peut-être en acceptant d'abord qu'il avance seul, sur ce fil et que, nous, nous devions demeurer en bas pour l'encourager. Il est nécessaire qu'il avance seul, et tout aussi nécessaire qu'il sache que nous sommes en bas à le regarder. Faire confiance à la vie et à cet enfant à qui nous avons donné le meilleur de nous-mêmes. Il perdra sûrement l'équilibre à un moment ou à un autre. Peut-être même tombera-t-il. Il nous faudra puiser alors dans notre propre courage pour l'aider à remonter tout seul sur cet incontournable fil de fer.

Quitter la petite fille

Le passage de la puberté est souligné dans de nombreuses cultures. Celle des jeunes filles, cependant, est rarement célébrée, sans doute à cause de la valeur médiocre qu'on a accordée aux femmes dans l'histoire de l'humanité. Et pourtant! Il y a tant de raisons de faire la fête! Force, courage, fécondité, ténacité, tendresse et ouverture, voilà quelques-uns des éléments de l'héritage millénaire des femmes.

Quand tous les signes de la puberté seront apparus, annonçons notre intention de faire une fête de femmes. Surtout, pas de fuites ni de détails révélés au reste de la famille. Le secret de cette soirée installe le premier symbole du passage : devenir une femme. C'est très différent de devenir un homme, et ce passage marque l'accession à la richesse particulière des femmes. Nous préparerons cette fête avec elle... En lui réservant quelques surprises!

De la même façon que cette jeune fille entre dans le grand cercle de la communauté des femmes, cette soirée est évidemment l'écho du cercle que nous avons formé à sa naissance. Ce cercle s'agrandit aujourd'hui parce qu'elle-même a grandi. Ainsi, elle sent qu'elle peut s'appuyer sur les millions de femmes qui l'ont précédée, et qu'elle-même sera partie prenante de l'expérience de toutes ces femmes à venir qui pourront s'appuyer sur elle aussi. Voilà pourquoi il nous faudra choisir les invitées avec soin, parce qu'elles seront chargées de représenter ce cercle autour de l'adolescente. Pourquoi ne pas l'expliquer clairement à vos invitées? Elles connaîtront ainsi le sens de la fête que vous préparez.

Ces adultes pourraient être chacune responsables de livrer un thème de l'héritage des femmes à votre adolescente. Discutez-en avec elles ou bien désignez-les vous-mêmes. L'important, c'est que chacune participe à ce moment et apporte quelque chose au sens de ce passage. Ces thèmes peuvent être la force, le courage, le leadership, l'innovation, la persécution, la fragilité, la maternité, la spiritualité, les femmes qui ont changé le monde, les sorcières, et tant d'autres! Vous pourriez n'en choisir qu'un seul, que chacune développerait différemment, ou encore les choisir tous. Cela peut se faire de multiples façons! Une chanson choisie pour son texte ou sa musique, que l'on chantera soi-même ou qu'on fera entendre sur disque compact et dont on expliquera le choix après. La reproduction d'une toile de maître (ou de maîtresse!) qui porte une des forces des femmes dans toute sa beauté et qu'on offrira peut-être à cette adolescente en lui expliquant son choix. Un texte choisi, un poème ou un extrait d'une pièce de théâtre qui révélera une autre richesse des femmes. Une histoire, une anecdote racontée avec talent et qui porte sur un des thèmes choisis. Ce pourrait même être tout simplement le témoignage de chacune sur un des trésors de la vie des femmes. C'est le moment d'offrir à votre adolescente des modèles forts, des idéaux qui nourrissent. Il faudra prendre garde que ces témoignages ne tournent pas à la leçon cependant! Ce dont il est question ici, c'est de faire pénétrer une jeune fille dans notre cercle, pas de l'assommer de conseils (parfaitement inutiles, d'ailleurs!).

À cette soirée, je l'ai déjà dit, ne devraient assister que des femmes. Dès le début, peut-être pourrions-nous former un cercle, toutes debout autour de l'adolescente, et lui chanter une chanson de bienvenue. Voilà qui rappellera le cercle formé à sa naissance. Puis, avant que la chanson ne soit terminée, écartons-nous un peu pour qu'elle puisse venir se placer parmi nous, formant dorénavant le cercle avec nous. Ensuite, chacune pourrait la prendre dans ses bras (oui, comme à sa naissance!) très simplement et lui dire sa joie de partager cette soirée avec elle.

Autour d'un bon repas préparé en commun, sans doute serait-il opportun de partager avec la jubilaire vos propres histoires d'adolescente, dans la mesure où elles lui permettront de se sentir liée au reste du monde, dans la mesure où elles briseront le sentiment d'isolement que toutes les adolescentes ressentent. Ces histoires devraient lui permettre de se trouver normale, et c'est précisément cela qui la liera au reste du monde. Elle découvrira que nous avons toutes douté de nous-mêmes, que nous avons été déroutées par les nouvelles bases de nos relations interpersonnelles, et que nous avons eu, nous aussi, l'impression de porter de graves secrets. Il ne s'agit pas de lui retirer toutes ses illusions en quinze minutes, mais bien de l'inclure parmi nous.

Vous pourriez choisir d'offrir un cadeau à cette femme en devenir. Choisissez-le avec soin, afin qu'il porte le meilleur de cet héritage millénaire des femmes. Qu'il ne devienne pas l'unique attrait de cette soirée, mais bien son aboutissement! Peut-être chacune choisira-t-elle de lui offrir un objet lié aux différents thèmes de la soirée. L'essentiel demeure sans doute que ce cadeau soit la manifestation de votre accueil, de votre affection et de votre confiance en elle.

Il est évident que la préparation d'une telle soirée nous demandera de plonger nous-même dans notre propre vie de femme, dans ses trésors et aussi dans ses désillusions. Saisissons cette occasion à bras-le-corps. Voilà un voyage qui ne nous laissera pas indifférente à ce que vit notre adolescente et à ce que nous avons fait de nos propres trésors. Espérons que ce voyage sera l'occasion pour nous de nous rappeler que ces trésors nous habitent toujours et que nous pouvons les déployer sans craintes. Et chaque fois que nous le faisons, nous permettons à d'autres femmes de le faire aussi.

Quitter le petit garçon

Dans à peu près toutes les communautés, le passage du petit garçon vers le statut d'homme fait appel à une prouesse physique. Cela s'explique bien évidemment par le rôle millénaire tenu par l'homme dans la protection des tribus, et la force physique qui y était rattachée. Après toutes ces années qui ont modifié ce rôle, ces rituels d'endurance et de force ont encore cours dans plusieurs communautés, particulièrement en Afrique et au Moyen-Orient. Et il est sans doute encore vrai aujourd'hui qu'une des caractéristiques de l'homme est la capacité de déployer sa force physique. Il serait tout aussi dommage d'en faire le pivot du passage de la puberté, que de le balayer du revers de la main.

Les rites des temps reculés intégraient l'idée du passage de la mort. Les initiations prévoyaient souvent des épreuves difficiles, et la plupart mettaient la vie de l'enfant en danger. Plusieurs, d'ailleurs, y laissaient effectivement leur vie ou leur santé mentale. Le passage de l'état d'enfant à celui d'homme requiert la mort de cet enfant, au plan symbolique, et la naissance de l'homme nouveau. Voilà pourquoi de nombreuses communautés n'attribuaient un nom définitif à l'homme qu'à ce moment-là. Les scouts d'aujourd'hui, qui se font attribuer un totem autour de leur seizième année, après plusieurs camps de survie dans la forêt, reprennent en quelque sorte ce modèle. Et, peut-être parce que la pratique d'un tel passage est millénaire, aujourd'hui encore, les jeunes garçons se mesurent physiquement entre eux ou à travers des épreuves telles que la course de moto sur l'autoroute, la formation de gangs adverses ou encore la pratique de différents sports extrêmes. Et, encore aujourd'hui, plusieurs y laissent la vie ou leur santé mentale. À la différence d'autres communautés, celles d'Occident semblent abandonner leurs jeunes garçons dans l'exercice de ce passage, les privant ainsi de son sens, de sa richesse spirituelle et du sentiment d'être lié dans la durée par l'affection à un groupe de personnes qui le connaissent. Voilà qui est extrêmement dommage, non?

Comme pour les jeunes filles, la célébration de la puberté d'un garçon devrait se faire entre hommes et pour les mêmes raisons. Ce sont les hommes de la famille qui devraient prendre les choses en main et trouver l'événement qui convient à chacun. Sans doute ne s'agit-il pas ici d'exceller dans une discipline particulière, et encore moins de choisir l'événement en fonction des dons du garçon. Il nous faudrait plutôt chercher (encore une fois!) le sens de ce passage pour nous, pour sa famille et sa communauté. En fait, il s'agit de désigner la place de cet homme en devenir dans la vie de sa communauté. Si nous envisageons de créer un événement et que celui-ci ne change rien à ses responsabilités ensuite, ou, pire encore, ne change rien dans notre attitude face à lui, autant ne rien faire. Il lui faut une manifestation concrète des suites de ce passage. Peut-être lui permettrez-vous de conduire la voiture alors qu'il n'en avait pas la permission avant, peut-être pourra-t-il assumer une responsabilité qu'il apprécie et que vous ne souhaitiez pas lui attribuer avant. Tout cela est également vrai pour la jeune fille, d'ailleurs. Dans tous les passages et toutes les célébrations, il y a un avant, un pendant et un après, et chacun devrait pouvoir désigner aisément les signes qui distinguent ces trois temps.

Tous les hommes signifiants dans la vie de ce garçon devraient être mis à contribution. L'événement aura d'autant plus de portée s'il fait appel à différents aspects de l'homme : sa force physique, son endurance, sa réflexion, son intériorité, sa créativité, entre autres. Il ne suffirait donc pas d'organiser une grande partie de balle molle entre hommes !

Beaucoup choisissent de partir quelques jours en canot-camping ou en randonnée. Les responsabilités sont alors réparties entre chacun, y compris le jeune homme. Si ces responsabilités sont face au groupe entier, c'est encore mieux. Par exemple, l'un est responsable de la préparation du dîner pour tout le groupe, un autre est responsable du montage du campement, etc. On installe ici le fait que chacun a une place essentielle, et que le reste de l'expédition dépend de tous. C'est, sur le plan symbolique, la remise de notre vie et de la sienne entre ses mains. Le plus important, ici, sera de laisser effectivement le jeune homme assumer sa part SANS INTERVENIR. On m'a souvent dit que c'était ce qui était le plus difficile à faire. Quand on voit son jeune tenter d'allumer un feu depuis vingt minutes sans succès, il faut faire appel à toute sa patience et son amour pour garder une confiance silencieuse et sans faille. Et pourtant, il le faut. Surtout, il nous faudra attendre patiemment qu'il demande de l'aide et ne pas aller au-devant de ces requêtes. Ce sera l'occasion pour lui d'apprécier la valeur du support mutuel et de constater que tous les humains ont besoin d'aide, sans que cela soit une marque de faiblesse.

L'intérêt d'une pareille expédition consiste à faire appel à différentes capacités, comme nous le disions plus haut. Il y aura de bons moments et des plus difficiles, des complicités et aussi des moments de fatigue. L'isolement favorisera un rapprochement et une mobilisation des ressources personnelles.

Autour d'un feu, un soir, chacun des hommes présents pourrait offrir une part de l'héritage masculin à ce jeune qu'ils ont le devoir d'accueillir parmi eux. Ils pourraient aussi lui révéler les forces qu'ils voient en lui, trouvant dans ces révélations l'écho du cercle que nous avons tous formé autour de lui à sa naissance. Encore une fois, il ne s'agira pas de l'abreuver de conseils de gars. Cet événement représente son entrée dans le cercle des hommes, et non pas la mise en relief de tout ce qui lui manque encore avant d'être un adulte accompli !

Pour d'autres garçons, le passage pourrait être symbolisé par sa participation à une construction collective, la réfection d'une maison ou la construction d'une serre. Ce qui nous importera, ce sera de lui permettre de poser une série d'actions qui l'incluront dans la communauté des hommes, qui l'aideront à dépasser certaines limites personnelles et à connaître des responsabilités face à un groupe. Sans doute trouverez-vous d'autres événements qui peuvent servir ces objectifs. Si nous cherchons avec attention le sens que nous souhaitons donner au rituel de passage de notre ado, nous trouverons bien l'événement qui convient.

J'ajouterai enfin que le rite de passage d'une adolescente peut évidemment être une expédition en canot-camping et que celui d'un garçon peut inclure une soirée de discussions. Il ne s'agit pas d'installer ces jeunes personnes dans des stéréotypes. Cependant, il serait tout aussi regrettable de leur passer l'idée qu'il n'y a pas de différence entre les hommes et les femmes. Puisque c'est faux, bien évidemment. C'est pourquoi il faudrait prendre soin de choisir des rites différents de celui de leurs frères pour les adolescentes d'une même famille.

Quitter le nid

Le départ des enfants est évidemment un grand moment, tant dans la vie des jeunes adultes que dans celle des parents. Depuis le jour de leur naissance, nous n'avons cessé de nous séparer d'eux, davantage chaque jour. Certains jours nous ont fait sentir la proximité de cette séparation plus que d'autres : l'entrée à la maternelle, le premier camp d'été à dormir loin de nous, leur premier amour. Ce sont autant de jalons sur la route des adieux. Voilà sans doute pourquoi ce départ de la maison est chargé de tant d'émotions diverses, et parfois même contradictoires.

Du côté des enfants, l'installation dans une place bien à eux ne représente pas le virage en épingle à cheveux de notre point de vue, mais plutôt la rampe de lancement sur laquelle ils ont les yeux fixés depuis un bon moment.

Étonnament, avec la lenteur des jeunes adultes d'aujourd'hui à quitter le nid, ceux-ci se retrouvent souvent comme au temps de nos parents, c'est-à-dire qu'ils partent finalement pour se mettre en ménage. D'autres jeunes sont bien sûr encore nombreux à quitter le nid pour étudier dans une autre ville, mais même ceux-là emménagent avec un colocataire. Ce qui fait que la plupart des jeunes adultes ne vivront jamais seuls ou alors beaucoup plus tard dans leur vie. Je crois qu'il est bien dommage que ces jeunes se trouvent privés de l'occasion d'assumer seuls leur survie. Je me demande comment ils apprendront la valeur de l'entraide et la nécessité de construire des liens signifiants s'ils n'ont pas la chance d'expérimenter la solitude. Il ne s'agit pas de leur souhaiter l'isolement et le sentiment d'abandon qui vient avec. Bien au contraire ! Là où l'isolement crée la souffrance, la solitude permet le recul et le silence nécessaire à la connaissance de soi. C'est dans la solitude que nous pouvons explorer nos limites personnelles, puis la force que requiert le fait d'aller vers les autres selon nos besoins. Le fait de toujours vivre les compromis de la vie en commun ne les empêchera-t-il pas de découvrir leurs propres besoins, leurs propres désirs ?

Peut-être que nos enfants partiront en claquant la porte, cela arrive. Peut-être est-ce que ce sera nous qui les pousserons gentiment dehors le jour de leur vingt-huitième anniversaire. Une chose est certaine : leur départ est nécessaire, tant pour eux que pour nous. La façon de célébrer ce marqueur de la vie variera donc d'une famille à une autre.

S'ils partent dans un contexte conflictuel, sans doute la célébration prendra-t-elle des allures de deuil. Ce n'est pas du tout une raison pour ne pas marquer ce passage. Les célébrations ne servent pas qu'à faire la fête, elles nous permettent de passer à autre chose. Simplement, vous ne partagerez pas celle-ci avec votre enfant.

Si le départ se passe dans le calme, la célébration devrait souligner le passage pour toutes les personnes concernées, c'est-à-dire vous, autant que votre enfant. Les préparatifs de départ font partie de la «montée». Il ne faudrait pas chercher à dissimuler le chagrin qui monte et qui parfois nous submerge. Tout cela fait partie du départ. Et tout cela nous permettra de passer à autre chose le moment venu. Dans la vie, n'y a-t-il pas des passages plus étroits que d'autres ?

Le point culminant est souvent le jour du déménagement. Si les personnes les plus signifiantes de la vie de ce jeune sont présentes et donnent un coup de main, ce sera l'occasion pour lui de sentir que son départ n'est pas une cassure avec sa communauté, mais la suite des choses, l'élargissement de son horizon. C'est comme si nous croisions tous les mains pour lui faire la courte échelle. C'est ce qui lui permettra de donner un nouveau sens à ce lien, et de trouver une nouvelle place dans le cercle. Un jour, ce sera lui qui fera la courte échelle à sa plus jeune sœur, peut-être. Le déménagement n'est donc pas une tâche anodine et accessoire. Au contraire, voilà le marqueur principal, et il nous faut nous en servir pour rebondir dessus et donner tout son sens à ce changement majeur dans la vie de chacun.

Toutes ces personnes signifiantes sont liées à l'histoire de ce jeune et en portent une petite part. Alors que, jusqu'à maintenant, c'est quelqu'un d'autre qui racontait son histoire, dorénavant, il en est le narrateur. Symboliquement, vous lui remettez les clés de sa propre vie. Si vous souhaitiez lui faire un cadeau, il serait intéressant qu'il porte le sens de ce relais. Prenez le temps de réfléchir à ce qui vous apparaît le plus adéquat afin d'éviter de lui offrir quelque chose qui, au contraire, lui enverrait le message de son incapacité et de votre présence éternelle. Ce cadeau n'aidera personne s'il ne fait que dire votre peine ou votre colère. Ce cadeau, c'est l'occasion pour vous de lui manifester toute votre confiance.

Il arrive souvent que les parents espèrent (en vain) le premier repas offert par leur enfant dans son nouveau nid. Mais cet événement, s'il se produit, fait déjà partie de l'après, de l'atterrissage qui suit le rite. Il arrive encore plus souvent que les parents invitent leur enfant à souper peu de temps après le déménagement. Si vous avez le choix, privilégiez d'être reçu chez lui plutôt que l'inverse. Même s'il vous semble que cela lui prend une éternité. C'est en vous recevant chez lui qu'il pourra déployer sa nouvelle place dans le cercle de la communauté. C'est seulement ainsi qu'il pourra jouer son nouveau rôle et marquer le changement. Quand il revient dans la maison familiale tout de suite après le déménagement, peu d'entre nous résistent à la tentation de le couver, de l'engloutir sous les soins et de le recevoir comme le roi débarquant chez ses serfs. Et tout cela empêche cet adulte de prendre sa véritable place.

S'il fait maintenant partie de ceux et celles qui assument leurs responsabilités en entier, mieux vaut ne pas envoyer de message contradictoire en le réinstallant dans un rôle d'enfant dont on prend soin.

Il faut un temps pour laisser retomber la poussière de l'émotivité, chacun vivant ses émotions très différemment. S'il mange chez vous tous les jours dans les premières semaines, comment pourrez-vous sentir la fin de ce passage et vous tourner vers la nouvelle donne que l'existence vous offre maintenant ? Même chose pour votre petit trésor qui vole maintenant de ses propres ailes.

Et si c'est le dernier...

Si vous avez eu plusieurs enfants et que vous accompagnez aujourd'hui le dernier, il s'agit d'un passage particulier. Voilà que votre rôle de parent, qui était prédominant parmi tous les autres de votre vie jusqu'à maintenant, se verra relégué au dernier rang. Ce n'est pas anodin du tout. C'est un des grands passages de votre vie et, dorénavant, ce moment sera un repère dans le temps, exactement comme la naissance de vos enfants l'avait toujours été. Il y a la vie avant et la vie après.

Je crois qu'il nous faut souligner ce passage, afin qu'il nous mène à autre chose. Dans les semaines qui suivront ce dernier départ, nous commencerons à préparer un moment de retrouvailles avec l'autre parent de l'enfant, si nous sommes toujours liés avec lui, d'une façon ou d'une autre. Dans le cas des départs conflictuels, ce moment m'apparaît essentiel.

Ce sera l'occasion de refaire le tour de notre jardin, de boucler une des nombreuses boucles de l'existence. Peut-être les albums de photos nous aideront-ils à nous raconter ce long voyage de la parentalité qui prend un nouveau visage aujourd'hui. Loin d'être une veillée funèbre, cette rencontre nous permettra de toucher l'immense richesse de cette partie de notre vie, toute sa joie, ses défis et ses désillusions aussi. Il pourrait bien y avoir d'autres personnes avec nous. C'est leur lien avec nous et leur compréhension de ce nouveau passage qui devraient nous guider dans le choix des invitations. Il s'agit d'avoir des gens qui nous soutiennent, mais sans qu'ils nous victimisent, bien évidemment ! D'une certaine façon, eux aussi nous feront la courte échelle en croisant leurs mains, afin que nous puissions passer par-dessus le mur de ce changement.

Un geste symbolique peut s'avérer extrêmement puissant dans cette recherche du sens de notre vie nouvelle. Planter un arbre qui portera toutes les promesses de ce qui continue de croître, réorganiser le jardin, remplacer la piscine par un jardin d'eau, écrire l'histoire de cet enfant jusqu'à ce jour. Peut-être l'aménagement d'une pièce de la maison en atelier de musique ou de peinture. Voilà des gestes qui vous permettraient de porter le sens de ce renouveau, sans faire disparaître votre histoire.

Je ne vous suggère pas de déménager trop vite ou de refaire en entier l'intérieur de la maison. Le geste que vous choisirez de poser ne devrait pas être inspiré par le déni, la perte ou encore une tentative d'effacement de la réalité. Bien au contraire, ce geste devrait nous indiquer la voie qui vient, l'élan nouveau. Nous en sommes à réaménager notre vie avec ses nouvelles données, pas à rompre avec le passé. Trouvez de la place pour vivre le deuil de votre rôle de parent tel qu'il était jusqu'à ce jour, mais également de la place pour lover toutes les promesses qui vous habitent encore comme personne humaine.

L'union d'amour

Beaucoup de jeunes adultes choisissent le mariage pour s'engager ensemble dans l'amour. Mais tous les autres qui s'aiment, et qui choisissent de vivre ensemble, et de faire des enfants en dehors du mariage, tous ceux-là semblent tomber dans une sorte de néant symbolique. On aura beau prétendre que l'union de fait est entrée dans les mœurs, la collectivité n'a encore trouvé aucun moyen de la reconnaître en inventant un rite d'inclusion dans le grand cercle de ceux et celles qui s'engagent en couple. Ne faut-il pas s'en désoler ?

Ils sont nombreux à se mettre en ménage «juste pour voir», pour «essayer». Ils ont l'impression (et nous sommes nombreux à la partager) que l'absence d'un rituel solennel d'engagement équivaut à une absence d'engagement. Si ça ne marche pas, on pourra tout simplement refaire nos boîtes et essayer avec quelqu'un d'autre ! Tout cela est très bien, mais je me demande si on ne banalise pas l'amour en le réduisant à une mise en commun de nos ustensiles de cuisine. L'amour n'est-il pas toujours «engageant» ? N'est-il pas toujours le rempart essentiel de la vie commune ? Quelle différence y a-t-il entre un colocataire et un conjoint ? Si c'est le simple fait de partager le même lit, c'est bien peu, il me semble. Puisque, évidemment, viendra un jour où son linge sale et le nettoyage du four feront baisser dramatiquement notre désir omniprésent du début. Si nous n'avons pas eu cette conscience de l'engagement, sur quelle perche pourrons-nous nous hisser pour voir plus loin que les matins difficiles ? Le danger, ici, c'est de ne faire aucune différence entre devenir amoureux et choisir de vivre ensemble. Car enfin, nous aimerons beaucoup de monde dans notre vie, mais nous ne vivrons qu'avec une seule personne à la fois. Si le seul symbole de notre union d'amour est un lit partagé, même avec beaucoup de bonheur, comment franchirons-nous le «bang» de la fin de la fusion et le début de la vraie vie partagée? Même si ce n'est pas pour toujours. On aurait tort de croire que le fait de glisser silencieusement dans la vie de couple rend une séparation éventuelle moins difficile. Ce serait même l'inverse. On peut boucler beaucoup plus aisément une boucle lorsqu'on a conscience de son ouverture que de finir quelque chose dont on n'a pas vraiment identifié le début. Il nous faut trouver des gestes d'engagement, des symboles inspirés de toutes les promesses que porte notre amour pour une autre personne, et le choix que nous faisons de vivre avec lui ou elle.

Si tout cela est vrai pour les jeunes adultes, c'est vrai également pour toutes les personnes plus âgées ou encore celles qui ont vécu un divorce ou la perte d'un conjoint. Toutes celles enfin, qui auraient souhaité se marier, mais à qui les différentes églises ferment leurs portes pour toutes sortes de raisons, et celles dont le conjoint refuse le mariage, peu importent ses raisons. Celles-là ont soif d'une célébration significative parce que leur expérience leur a appris que l'union en couple n'est pas une simple formalité dans un bail conjoint.

Demandez aux conjoints de fait quelle est la date de célébration de leur union, et vous constaterez que, tous choisissent la date qui porte un symbole. Pour certains, ce sera le jour où ils se sont déclaré leur amour; pour d'autres, la première fois où ils ont fait l'amour. Pour d'autres, encore, ce sera le jour où ils ont convenu de vivre ensemble. Quelle est la vôtre? Les êtres humains ont besoin de rituels et du sens que ces gestes incarnent. Comme toujours, ces célébrations sont les marqueurs de la vie, des choix que l'on fait et de notre identité personnelle et collective. C'est pourquoi nous avons besoin de voir s'inscrire ces marqueurs dans le cercle formé par notre communauté, parfois rapprochée et parfois élargie. Il nous faut partager avec elle ce début de vie commune afin de pouvoir nous appuyer sur elle dans les passages difficiles, et même lors de la rupture, si jamais celle-ci se produit. Pouvoir s'appuyer sur la communauté ne consiste pas à vivre notre vie de couple en commun, comme dans le film *Le mariage de l'année*! Il ne s'agit pas de mettre tout le monde au courant de ce que nous vivons dans l'intimité, et que chacun prenne parti dans les disputes qui ne manqueront pas de se présenter. Être appuyé par sa communauté, cela veut dire que nous nous reconnaissons comme couple devant le reste du monde, et vice-versa. Nous marchons sur une route que des millions d'êtres humains avant nous ont suivie, de mille manières différentes, il est vrai, mais il s'agit bien de la même route. Ainsi, nous ne sommes plus seuls. Nous ne sommes pas obligés de réinventer la roue et d'imaginer toutes les solutions. Nous trouverons notre propre voie, comme on dit, mais il nous est permis de nous orienter à l'aide de celles de millions d'autres avant nous.

Ensuite, célébrer notre union d'amour avec notre communauté, cela nous permet de trouver notre place personnelle dans le grand cercle des humains. Avec cet engagement, notre place a changé, nous avons franchi de nouvelles étapes. Et nous avons tous besoin que cette place soit reconnue par le reste de notre collectivité.

L'organisation de la fête tiendra le rôle de la « montée » nécessaire à toute célébration. À la blague, de nombreux couples mariés affirment que, si vous survivez aux préparatifs d'un mariage, vous aurez traversé le plus dur! C'est que le poids des conventions est parfois bien lourd à porter. Il ne s'agit pas, bien sûr, d'organiser une noce à plusieurs milliers de dollars, même si rien ne vous en empêche, si c'est bien cela qui vous apparaît avoir le plus de sens. Comme toujours, le rituel aura du sens si les gestes qu'on y pose sont porteurs du sens de notre célébration. Sans doute faut-il ici être attentif à la pression des conventions et du commerce qui s'exerce sur les amoureux, d'une manière outrancière.

Tous les gestes que vous poserez en préparatifs devraient avoir un sens pour vous. Et je ne crois pas que « s'engueuler » pour la sorte de fleurs qu'on mettra sur les tables vous donne beaucoup de satisfaction. Vous pourriez rédiger vous-mêmes vos invitations, mais si cela demande plus d'énergie que le plaisir que cela vous apporte, peut-être vaut-il mieux faire les invitations par téléphone. Trouvez la façon qui vous apporte le plus de joie dans ces préparatifs, et tenez-vous-en à cela. Peut-être que ce sera important pour vous de confectionner vous-même votre robe. Ou peut-être que c'est la décoration de la table qui vous emballe! Le plus important, c'est de rester attentif à la conservation de la richesse spirituelle et affective de la «montée», et de ne pas arriver au jour J avec trois crises de nerfs. Si on arrive à garder le sens de ce que l'on fait, en général, on gardera aussi la juste mesure.

Offrir un diamant n'est pas la plus puissante marque d'amour. Ce qui est une marque d'amour, c'est réaliser quelque chose de difficile pour l'autre. Autrefois, cette bague était gagnée à la sueur de notre front, avec persévérance et détermination, sur de longues semaines. Voilà pourquoi une bague avec un diamant était le symbole de l'amour : pas pour son prix, mais pour tout ce qu'elle avait exigé d'engagement pour finir par l'offrir. Ainsi, on pourrait encore choisir d'offrir une bague, puisque c'est le plus puissant symbole d'un lien : le cercle fermé est un symbole millénaire et universel. Mais il ne faudrait pas confondre la valeur marchande de l'objet avec sa valeur spirituelle. La bague demeure encore l'objet symbolique le plus approprié pour l'union de deux personnes qui s'aiment. Vous pourriez choisir d'offrir une voiture, des boucles d'oreilles, une maison, même. Mais aucun autre objet que la bague ne peut être porté sur le corps ni ne dure aussi longtemps sans s'abîmer. Si l'objet symbolique que vous choisissez rouille au bout de deux ans ou se casse dans la cinquième année, on peut dire sans l'ombre d'un doute que sa portée symbolique sera complètement détournée!

Pour ce qui est du partage avec notre communauté, le mieux est encore de faire une fête! Invitez les gens que vous aimez et qui vous aiment afin que toute cette affection soit le terrain sur lequel vous vous engagez. Encore une fois, ce n'est pas le nombre de personnes invitées qui fera la puissance de cette noce, mais bien le lien que vous avez avec chacune d'elles. On pourrait inclure, dans cette célébration, un moment où les deux personnes déclarent à voix haute leur intention de faire un bout de chemin avec l'autre. Ce peut être un poème qu'elles auront écrit ou choisi, spécialement pour cette occasion, ce peut être une formule écrite à l'avance et sur laquelle elles se seront entendues conjointement. Il ne faut pas négliger la nécessité de déclarer votre amour à voix haute devant tout le monde. Cette déclaration vous lie, bien évidemment, et c'est là que toutes les personnes présentes se retrouvent également liées à vous. C'est un engagement partagé, ce qui veut dire que toutes les personnes présentes s'engagent elles aussi à vous accompagner dans l'aventure. Ça ne veut pas dire que vous leur ferez un compte rendu hebdomadaire de notre vie de couple, ni qu'ils vous abreuveront de conseils non sollicités. Ça veut dire que vous pouvez compter sur eux. Quand vous les inviterez, n'oubliez pas de leur souligner l'engagement partagé. Trop de couples sont abandonnés aux moments difficiles alors qu'ils devraient pouvoir compter sur l'expérience et l'affection des témoins de leur engagement.

Pour bien marquer le fait que votre histoire s'inscrit dans l'histoire bien plus vaste de l'humanité, pourquoi ne pas demander à une personne plus expérimentée que vous deux de prononcer quelques mots? Pas un laïus sur les difficultés de la vie de couple, et pas une mise en garde non plus. Cette personne représente toutes celles qui vous ont précédées sur la route de l'engagement de couple. À ce titre, elle ne s'exprime pas seulement en son nom personnel. La communauté humaine d'une part, et votre petite communauté d'autre part, s'expriment par sa voix. Cette personne devrait pouvoir transmettre toute la joie de votre communauté devant votre amour. Elle devrait pouvoir révéler toutes les promesses de cet amour et les transformations qui l'attendent. En demandant à cette personne de prononcer quelques mots, vous reconnaissez l'expérience de ceux et celles qui vous ont précédés. Vous vous inscrivez vous-mêmes dans la continuité de l'histoire humaine. Cette personne parlera au nom de tous, et même de ceux qui ne sont pas encore dans votre vie. Et ses paroles vous permettront d'entrer à nouveau dans le grand cercle de l'humanité.

Mille choses peuvent être faites ensuite. Vos meilleurs amis pourraient s'exprimer à leur façon, d'une manière plus personnelle. Une chanson composée pour vous, une saynète écrite pour l'occasion. Tout cela n'aura rien de compassé ou de trop sérieux. C'est le moment de laisser jaillir la joie ! Dansez, chantez et amusez-vous !

En lisant ces lignes, une copine me faisait remarquer que de nombreuses personnes ne se prêteraient pas à ce cérémonial. Ça fait trop sérieux, disait-elle, trop officiel. Cette remarque m'a beaucoup fait réfléchir. Pourquoi un pareil retrait volontaire ? Si ces simples gestes apparaissent trop officiels, c'est effectivement qu'il n'y a pas de volonté de s'investir. Devant ces gestes, chacun sent bien qu'il s'engage, que ce n'est pas « en attendant » ou « pour voir ». Dans ce cas, il ne faudrait pas accepter de réaliser une telle célébration. Et, sans aucun doute, il nous faudra nous retourner la question à nous-mêmes. S'il ou elle ne veut pas participer à ces gestes d'engagement, alors suis-je la seule à vouloir m'engager ? Et si je décide de former tout de même un couple avec quelqu'un qui n'a pas souhaité s'engager, mon couple se construit sur quoi, exactement? Et y a-t-il même un couple?

Former un couple n'est pas anodin, et ce ne sera jamais banal. Et même si on faisait tous semblant que ça l'est, ça ne le serait pas davantage. Il s'agira toujours d'un des liens les plus précieux que puissent tisser deux êtres humains. Justement parce qu'il est « engageant ».

Que faire à propos du coût de la noce ?

Ne vous sentez pas obligés d'en assumer seuls les frais. Chacun pourrait y contribuer, et ce ne sera que l'objet symbolique de son engagement. Vous pouvez même spécifier que vous ne voulez pas de cadeaux, mais que vous tenez à ce que tout le monde vienne. Pourquoi ne pas organiser un pot commun dans lequel les mieux nantis pourraient déposer plus et aider ainsi ceux qui en ont moins? Il serait dommage que des personnes que vous aimez ne puissent venir à la fête pour une question d'argent. Parlez-en ouvertement, c'est la meilleure façon de régler la question. Revoyez votre programme à la baisse plutôt que d'exclure du monde que vous aimez. On ne se souviendra pas des roses en chocolat que chacun avait dans son assiette, mais on n'oubliera jamais que vous avez accueilli chaleureusement ceux que vous aimiez, et que vous leur avez fait une place. On oubliera la belle guirlande de ballons qui décorait la salle, mais on n'oubliera pas qu'on a ri comme des fous !

Séparation, divorce et autres ruptures amoureuses

L es ruptures amoureuses sont rarement sereines et paisibles. Il arrive qu'elles soient le fruit d'un commun accord, mais le plus souvent la fin d'une relation est douloureuse, même si c'est nous qui l'initions.

Alors pourquoi un rituel? Afin de nous permettre de passer à autre chose, de boucler la boucle une fois de plus. Peut-être aussi, et c'est ce que je souhaite à chacun et chacune, les rituels nous permettent-ils dans ce cas de tirer l'héritage spirituel et affectif de cette union d'amour. Il serait vraiment dommage de résumer notre expérience de la séparation en la réduisant à un « échec ». C'est un deuil, bien sûr. C'est la fin d'un projet sur lequel nous avions misé beaucoup. Mais la fin d'une relation amoureuse n'est certainement pas un échec, et le temps passé avec cet amour n'est certainement pas du temps perdu.

Peu importe que nous ayons initié la rupture ou que nous la subissions, la rupture d'amour en est une de l'intimité confiante. Quelqu'un en qui nous avons mis toute notre confiance, qui connaît tous nos secrets et nos travers, quelqu'un qui a partagé notre vie quotidienne avec tous ses bonheurs et ses aléas, sort de notre cercle restreint, de notre bulle. Cette personne avait fini par prendre beaucoup de place. Peut-être même avons-nous mis au monde des enfants avec lui ou avec elle. Alors, l'espace qui est le sien dans notre vie se confond avec celui de la famille. Ce n'est pas seulement notre amour qui s'éteint, mais notre relation de coparentalité qui se trouve altérée pour de bon. Voilà sans doute pourquoi on entend souvent dire qu'une partie de nous-même part avec l'autre. Malgré cela, rappelons-nous que nous restons entier, entière. Et que, si le silence affectif qui s'installe après le départ de l'autre est comme un hurlement, ce n'est pas le bruit de la vie qui s'éteint, c'est l'écho de tout ce que nous avons partagé avec lui, avec elle. Ne croyez pas qu'il s'agisse de rhétorique, bien au contraire. Si l'on persiste à se voir en victime, rien de pourra mettre fin à la «chute». Si l'on se considère comme partie prenante de cette rupture, même et surtout si nous ne l'avons pas initiée, alors chacun trouvera la force de faire face.

Qu'y a-t-il donc dans cette rupture? Chagrin, déception, peur et colère. C'est nous qui savons ce que porte cette rupture, et personne d'autre. Mettre des mots sur ce que l'on sent, c'est déjà le début de l'action qui nous permettra de nous sortir des sables mouvants, qui semblent parfois s'ouvrir sous nos pas.

Comme pour le décès d'un proche, personne ne peut nous imposer la fin du chagrin. Notre peine ne devrait pas être qualifiée, et ceux qui la jugent devraient être écartés. Les sentiments qui nous traversent lors d'une séparation sont nombreux, puissants, mais pleins de nuances. Et fluctuants aussi. Il ne faut pas laisser les autres nous indiquer comment on devrait se sentir, comment on devrait voir les choses ou, pire encore, si nos sentiments sont normaux ou pas. On peut très souvent ressentir beaucoup de peine, même si on a soi-même rompu la relation. On peut se sentir libéré et heureux après la séparation, même si on ne l'a pas provo-quée. Euphorie, peur, regret, chagrin, légèreté, calme, senti-ment d'abandon, culpabilité, enthousiasme, joie. Toutes ces émotions et bien d'autres peuvent surgir et on devrait faire taire ceux qui croient savoir ce qui est bien ou pas. Ceux qui prennent parti sans laisser de place à nos propres sentiments devraient également être écartés. Ainsi, je connais un homme dont la mère eut tôt fait de condamner si durement son ancienne conjointe qu'il n'a pas pu exprimer sa propre peine : celle de sa mère prenait toute la place et ne laissait pas de choix au mari esseulé. Ce qui ne veut pas dire qu'il ne nous faut pas trouver d'alliés dans notre choix, bien au contraire. Mais prenons garde aux gens qui croient pouvoir déterminer ce que nous ressentons au lieu de nous accompagner sur notre propre route. Tout le monde croit savoir ce que l'on traverse dans une séparation, mais personne ne le sait finalement. Chaque couple a connu une intimité et une histoire tout à fait personnelles ; de la même manière, chaque séparation est unique et particulière.

Une autre ornière dans laquelle quelques-uns s'enlisent et d'où ils sortent difficilement est la négation de la peine et de la douleur. Jouer les forts, les fortes, celui ou celle que rien ne trouble, toute la panoplie des mesures de défense qu'on peut résumer sous le terme de déni, est un piège qui ne fait que retarder la chute. Tous ne resteront pas à genoux pendant des mois, mais il ne faudrait pas croire que, parce que c'est vous qui avez décidé de partir, vous serez épargné par la peine. Elle viendra, un peu ou beaucoup, mais elle viendra.

En faisant le tour de notre jardin, nous pourrons commencer à recueillir les fruits de cette relation qui prend fin. Peut-être en sortons-nous avec joie parce qu'elle nous était oppressive. Peut-être la quittons-nous avec regret mais détermination pour aller vers l'avant. Peut-être également avons-nous appris la nouvelle avec autant de surprise que de désarroi. Dans tous les cas, la distribution des fautes n'aide personne, ni la personne qui part ni celle qui est quittée. Dans une rupture, il n'y a pas de faute. Rappelons-nous que, exactement comme nous avons été deux à entrer dans cette relation, nous sommes deux à en sortir. Jamais il n'est arrivé qu'un seul des deux porte l'entière responsabilité de la rupture.

Il n'y a pas de faute; pas de victime stupide ni de méchant bourreau. Il n'y a que deux personnes qui se sont liées le plus sincèrement qu'elles pouvaient et qui doivent aujourd'hui mettre fin à cette alliance.

Toute la première année après la rupture, surtout s'il y a eu vie commune et particulièrement si elle a été longue, ressemblera à la visite d'une immense maison inhabitée; une série de pièces vides. Chaque événement nous rappellera que nous ne sommes plus avec lui, avec elle. Chacun de ces moments sera l'occasion de tirer l'héritage de notre relation. Il n'y a pas eu que des moments difficiles! Peut-être est-ce lui qui nous a initiée au ski alpin? Peut-être est-ce elle qui nous a montré à tenir un budget? Cette relation ne nous a-t-elle pas transformés, un peu ou beaucoup?

S'il y a des enfants

Chacun sait aujourd'hui qu'il nous faut préserver les enfants lors de la rupture des parents. C'est parfois difficile, convenons-en, de résister à la tentation de blesser l'autre en passant par les enfants. Mais sachez que l'expérience a prouvé sans aucune équivoque que les enfants paient le gros prix pour des anciens amoureux et parents qui se déchirent en leur présence ou, pire encore, en se servant d'eux. Un père de famille vraiment engagé dans son rôle me résumait ainsi les balises qu'il s'était auto-imposées devant ses enfants :

• Si je ne puis pas dire de bien de leur mère devant eux (pour n'importe quelle raison), alors je ne dis rien. Ça veut dire : pas de soupirs, pas d'yeux levés au ciel, aucun message non verbal.

• Je ne qualifie jamais devant les enfants, ni ne commente, les décisions qu'elle prend. (Ça veut dire que je n'ouvre jamais de grands yeux quand les enfants me racontent comment les choses se passent chez elle.)

- Je saisis chaque occasion pour leur dire que je les aime et que leur maman les aime aussi. (Même si je la déteste et que je voudrais la voir souffrir!) Tout simplement parce que c'est vrai qu'elle les aime. C'est moi qu'elle n'aime plus, pas eux.

Encore une fois, l'événement est inscrit dans le temps, et nous choisirons donc une date pour célébrer le passage. Peut-être s'agira-t-il de la date de notre départ si nous considérons qu'il s'agit d'une délivrance, ou de celle de notre décision. Peut-être s'agira-t-il plutôt du moment où nous avons enfin ouvert les rideaux après notre période de larmes ou de la date de notre première sortie avec un autre homme. Il n'y a que nous à pouvoir reconnaître le moment charnière et significatif.

Rappelons-nous que c'est le sens qu'a l'événement pour nous qui déterminera toujours les paramètres du rituel. Je connais une femme qui, après trente-deux ans de mariage avec son homme, est tombée de haut quand il lui a annoncé qu'il partait avec une plus jeune. Complètement déboussolée et honteuse de se voir rejetée pour une plus-belle-et-plus-jeune, elle a passé des mois sans sortir de la maison. Pour elle, le jour J de la fin de la chute vertigineuse restera pour toujours le jour où elle a pris sa voiture pour aller se promener, sans véritable but. Ce jour-là, raconte-t-elle, elle a eu le sentiment puissant de recouvrer sa liberté! Pour une autre, qui a quitté son amoureux après dix ans de vie commune, le virage s'est effectué le jour où elle est partie faire du ski toute seule. Elle adorait le ski et n'en faisait plus depuis des années parce que son conjoint n'en faisait pas. Pour elle, retourner à la montagne a été une sorte de marqueur qu'elle se réappropriait sa vie.

Fermez les yeux et laissez-vous revenir en arrière; laissez-vous flotter dans votre histoire. Vous trouverez le moment où vous avez cessé d'être celle ou celui qui subit pour devenir celle ou celui qui regarde en avant. C'est là, exactement là, le début de la fête.

Le rituel demeure un moment où l'on reconnaît la peine et les blessures, mais aussi où l'on en tire le sens. C'est l'occasion de s'avancer sur un tremplin vers autre chose. Nous choisirons donc de poser des gestes qui nous «relancent», lors de la fête. Un an après sa séparation, Maude a organisé une grande fête où chacun devait apporter quelque chose de vivant pour bien marquer son désir de vivre. De son côté, Louis a choisi une excursion en kayak sur une rivière tumultueuse afin de se retrouver avec l'homme aventureux qui l'habite, mais qui avait été mis de côté au fil des ans. Carole s'est sentie capable de faire la fête seulement cinq ans après la séparation. Après deux années de «limbes» à vivoter suite au départ de son mari, elle était retournée aux études et s'était complètement réorientée sur le plan professionnel. C'est à l'ouverture de son salon de coiffure qu'elle a organisé une fête et, sur le mur de l'entrée, on peut lire, peint en lettres rouges : *Tout est changement.* Autour d'elle, ce jour-là, se tenaient ses amis qui l'avaient soutenue dans le chagrin et dans le retour aux études; quelques vieux amis, mais aussi de nouveaux. Et c'est la présence de tout ce monde, dans l'incarnation de sa «nouvelle vie», qui donnait tout son sens à cette fête.

Cela n'a pas toujours besoin d'être aussi spectaculaire. On pourrait choisir de rassembler ceux et celles qu'on aime chez une amie pour brûler dans le foyer des objets symboliques ou réels de notre vie passée, celle qui est terminée, celle qui ne reviendra jamais. Même si l'on se remettait ensemble, d'ailleurs, ce ne serait jamais la vie d'avant.

Une séparation nous change pour toujours. Que l'on soit celui qui part ou celui qu'on quitte, c'est une blessure intime qui doit être consolée, soignée, puis abandonnée.

Renoncer aux rituels de notre «vie d'avant»

La séparation du couple entraîne bien sûr la rupture de la structure familiale, telle qu'on l'avait bâtie. La famille change de forme d'une façon si draconienne que beaucoup de morceaux éclatent en effet et sont perdus. Cela aussi est douloureux.

Ainsi, les fêtes de Noël, Pâques, les vacances et tant d'autres moments dont le déroulement rythmait la vie doivent être réinventés.

Sans doute est-il vain de tenter de les reproduire «comme si de rien n'était». Rien n'est plus comme avant, et il nous faut retrouver notre chemin dans la forêt. Nous étions tous ensemble au réveillon du 24 décembre, mais à partir de maintenant, les enfants seront chez l'un ou chez l'autre. Tout est changé. Ça ne veut pas dire que c'est la catastrophe, mais tout est irrémédiablement changé, et faire semblant du contraire ne servirait qu'à blesser les enfants.

On ne réussira pas à tout réinventer la première année. Tout comme il nous faut du temps pour trouver le sens des événements, il nous en faut également pour retrouver un rythme de croisière après un arrêt brutal. Prendre son temps permet aussi de trier parmi tous les souvenirs ce qui nous importe vraiment. Que notre ambition ne soit pas de réussir parfaitement le passage, mais seulement de trouver la plus simple des façons d'être avec ceux qu'on aime, en particulier nos enfants.

Le premier Noël sans vos enfants sera peut-être difficile, peut-être pas. Ne décidez pas à l'avance d'en faire une soirée de pleurs et de drame. Mais voyez-le venir, préparez-le et choisissez les gestes qui vous aideront à traverser ce changement majeur. Décidez des gestes qui donneront un sens à ce Noël qui ne ressemble pas aux autres.

Il nous faudra renoncer aux rituels qu'on avait instaurés avant la séparation. Ce n'est pas comme une vieille serviette dont on pourrait récupérer un coin pour coudre une bavette de bébé. Malgré notre peine et notre désarroi, il nous faut jeter la serviette et en choisir une toute nouvelle.

Peut-être que le deuil de votre histoire d'amour est moins difficile à vivre que le deuil de la famille que vous souhaitiez avoir. Beaucoup de femmes, totalement investies dans leur rôle de mère, sont déchirées par la fin de la famille rêvée. Elles considèrent parfois qu'il s'agit de la fin de leur famille. Elles se trompent. La famille, quand on l'a nourrie d'amour et de joie, fera toujours preuve de vivacité. Tels des rhizomes, ses racines lui permettent de courir loin des regards et de jaillir de terre là où on ne les a pas plantés. Si on lui laisse du temps et de la place, la famille où existent des liens profonds et signifiants entre des adultes et des enfants dont ils prennent soin, trouvera son chemin vers la lumière. Tout comme vous.

Songez que, si un simple brin d'herbe possède assez de force et de ressources pour casser l'asphalte et pour trouver la lumière, ce qui vous habite vous permettra, sans aucun doute possible, de sortir de la noirceur pour vous élever vers la lumière.

Les petits et grands bouleversements

Il y a mille autres passages dans la vie : grands ou petits, étroits, brefs, heureux ou difficiles. Chacun d'eux mérite que l'on pose simplement les gestes de la reconnaissance de leur existence. Ce sont probablement tous ces passages, enfilés comme des perles sur le fil de la vie, qui nous font tels que nous sommes. Héraclite, historien de l'Antiquité, ne disait-il pas qu'un homme ne peut entrer deux fois dans le même fleuve, car le fleuve a été imperceptiblement transformé par le passage de l'homme ; exactement comme tout ce qui nous entoure l'est par nos actions. L'humain aussi est transformé par les fleuves de la vie et, assurément, la vie est transformée par tous les humains qui les traversent.

Les déménagements

Les humains prennent vite racine dans l'espace qu'ils occupent. C'est une nécessité de la survie. Même dans les endroits que l'on aime plus ou moins, on s'installera, d'une certaine façon, pour ne pas être en éternelle adaptation. Voilà sans doute pourquoi les déménagements sont aussi des marqueurs de la vie.

La «montée» d'un déménagement peut être plus ou moins longue, selon le délai dont nous disposons. Mais elle ne devrait pas être escamotée. Quitter un lieu de vie, c'est encore changer de direction et, pour réaliser ce passage dans la paix, il nous faut prendre le temps de bien se situer soi-même dans cet espace avec tout ce que l'on y a investi d'énergie, d'affection, de liens et de temps. Dans tous les processus de départ, on devrait pouvoir dire au revoir, d'une manière ou d'une autre. C'est pourquoi ce n'est pas une bonne idée d'annoncer la nouvelle aux enfants une semaine avant le grand jour. Eux aussi, ils auront besoin de faire le tour de leur petit jardin afin de boucler les boucles qui ont été ouvertes durant leur vie dans cet espace, même s'ils n'y sont restés qu'une année. Ils n'ont pas à sauter de joie, et ce serait une erreur de forcer leur enthousiasme.

On peut quitter une maison pour toutes sortes de raisons : un changement d'emploi, une mutation, un divorce, des problèmes financiers, le besoin de changer d'air, la maison devenue trop grande après le départ des enfants. On peut être personnellement très heureux de déménager, mais constater que cette joie n'est pas partagée par tous. Tout cela est très bien, mais il ne faudrait pas chercher à faire semblant d'en être heureux quand on ne l'est pas.

La «montée», comme toujours, installera doucement le sens de ce départ dans notre vie. Je ne parle pas de la raison du départ, mais bien de sa place dans l'ordonnance de notre vie. Il s'agit de réaliser que ce déménagement est un changement, un virage, et qu'il s'inscrit maintenant dans le sens de toute notre vie. Et rappelons-nous qu'il faut du temps pour trouver ce sens, le nommer et se l'approprier. Sans doute que ce sera une bonne idée de permettre à chacun de parler librement de tout ce qu'on a vécu dans cette maison, sans jugement de valeur, sans discussion non plus. Chacun a son histoire, et personne ne peut contredire l'histoire de quelqu'un ; de même, personne n'est tenu de partager la même histoire. Une fois que la décision a été prise, il nous faut faire un petit (ou un grand) tour de jardin. L'emballage de nos biens est un geste précieux dans ce bilan. C'est pourquoi il serait préférable de laisser les enfants emballer leurs choses personnelles. Cet empaquetage nous permet de faire un large tour d'horizon et de nous approprier tous les

événements vécus dans cet espace que nous nous apprêtons à quitter. Le rituel des boîtes permet aussi de faire un
ménage, tant matériel qu'affectif, dans notre histoire. Nous
laisserons derrière nous des objets qui ont marqué notre
passage, et chacun d'eux est un petit pas de transformation, un petit pas vers autre chose.

On pourra vivre un mélange de joie et de tristesse dans cette
préparation au départ. Laissons venir ces vagues successives; elles font partie de la «montée». En choisissant de
faire emballer toutes vos affaires par quelqu'un d'autre,
vous vous priveriez de ces gestes significatifs. Vous vous
priveriez de la possibilité de fermer une boucle. Ce serait
vraiment dommage.

Le jour J sera le sommet de l'événement, bien sûr. Tension,
fous rires, peut-être, excitation et peur aussi. Tous les
sommets sont faits de cela. C'est le moment où jaillit tout
ce que nous avons accumulé durant la «montée». C'est
le déploiement. Voilà pourquoi même le plus calme des
déménagements compte toujours quelques histoires qui
l'ont pimenté. Les enfants aussi ressentent ce jaillissement
d'émotions. On choisit souvent de les envoyer chez grand-
maman ou chez tante Suzanne afin d'avoir les coudées
franches. Pourtant, il serait judicieux de leur permettre
d'assister au moins un peu au grand dérangement familial.
Leur permettre de participer, à leur mesure, leur donnera
prise sur l'événement et facilitera grandement le passage.
Si vous ne croyez pas avoir les nerfs qu'il faut, n'hésitez pas
à les jumeler à quelqu'un d'autre qui les aura. C'est important. Évidemment, il ne faudrait pas en faire une épreuve.
Mais quelques accrochages, ça fait partie de l'aventure.

Dès le lendemain commencera l'atterrissage. Défaire les
boîtes, c'est être déjà tourné vers ce qui vient, si vous avez
pris la peine et le temps qu'il fallait au moment de l'emballage. Cette étape se fera beaucoup plus rapidement que
la préparation. Ici aussi, les enfants seront servis par une

participation active à l'installation. Ce sont les premiers pas vers l'apprivoisement du changement.

Un mot sur les écoles. Si vos enfants changent d'école, occupez-vous de leur accueil. Il est facile de se dire que les enfants s'adaptent aisément, mais c'est vrai jusqu'à un certain point seulement. Il est déplorable que les nouveaux élèves ne soient pas l'objet d'un rituel d'accueil particulier dans les écoles. Car, si nous vivons dans nos maisons et nos lieux de travail, les enfants, eux, passent huit heures par jour dans leur école. Cela demande un atterrissage contrôlé. C'est d'ailleurs extrêmement dommage que les élèves du premier cycle du secondaire soient si souvent appelés à changer de local durant une même journée. Ils se retrouvent ainsi en perpétuelle adaptation, un atterrissage qui n'en finit jamais. Si on voulait vraiment diminuer la tension qu'on trouve dans ces groupes, il faudrait sans aucun doute songer à laisser ces jeunes vivre ensemble toute l'année et dans le même local. En les faisant changer constamment de lieu physique, on sert les besoins de l'institution, mais on ne permet certainement pas aux enfants de s'investir dans un lieu et, ainsi, de créer un sentiment d'appartenance et des liens d'attachement précieux.

Il serait sans doute judicieux d'aller à l'école avec notre enfant avant le début des cours. Plusieurs fois, même, de manière à ce qu'il puisse s'approprier l'espace sans avoir à négocier en même temps avec la création de nouvelles relations. Exactement comme vous êtes allés voir votre nouvelle maison avant d'y entrer. Permettez-lui de rencontrer quelques professeurs, la directrice, sans doute, et d'autres membres du personnel. Ils seront des points de repère précieux durant les premiers jours.

Au bout d'un petit moment, peut-être aurez-vous envie de recevoir vos amis pour pendre la crémaillère. Peut-être, même, que l'invitation ne sera pas aussi claire que cela, et que le premier repas que vous offrirez sera beaucoup plus intime et spontané. Sachez cependant que ce repas, peu importe comment vous le planifiez et combien de personnes le partageront avec vous, est le geste symbolique qui permet à la communauté de reconnaître le passage que vous venez de franchir. Et vice-versa. Ce moment est précieux parce qu'il valide ce que vous ressentez, les décisions que vous avez prises. Ce repas devrait être à votre image et correspondre au sens que prend pour vous ce déménagement. C'est le rituel qui permet à votre communauté, encore une fois, de reformer le cercle autour de vous et de vous permettre d'y entrer de nouveau. Exactement comme dans le fleuve d'Héraclite.

Vos invités n'ont pas besoin d'être nombreux, il suffit que chacun soit significatif pour vous. Il n'est pas nécessaire d'organiser une grande fête mémorable; il suffit que vous partagiez un repas ensemble. Refaire ces mêmes gestes d'accueil que vous avez déjà faits dans votre ancienne maison, c'est aussi se rappeler, tous ensemble, que cet événement est dans la continuité des choses. Rien n'est perdu, tout se transforme et se poursuit.

C'est comme ça qu'on boucle les boucles et qu'on peut continuer d'avancer.

Les pertes

Dans l'incendie qui a ravagé notre maison, il y a plusieurs années, ma petite fille a perdu son animal. Il s'agissait d'un petit rat qu'elle avait baptisé Caramel. Cette perte a profondément marqué Raphaëlle, d'une part parce que c'était son premier face-à-face avec la mort, d'autre part parce que cette mort est survenue dans un contexte tragique. Nous nous trouvions, au milieu de notre propre perte, devant la détresse d'une enfant de sept ans. Nous avons donc, évidemment, mis rapidement en place une cérémonie.

On a récupéré le corps du petit animal. Puisqu'il était impressionnant, et qu'il n'y avait pas moyen de le rendre présentable, nous ne le lui avons pas montré. À sa demande, nous l'avons rassurée : Caramel s'était endormi tout doucement, sans souffrir. Elle a beaucoup pleuré et nous n'avons pas cherché à éteindre le feu de sa peine. Nous l'avons simplement bercée et nous avons parlé avec elle de Caramel et de notre vie avec lui dans la maison.

Raphaëlle a choisi elle-même un tissu très doux et tout jaune pour que nous en fassions un linceul. Nous avons déposé le petit corps dans une boîte à chaussures. Ensuite, puisque nous ne pouvions pas habiter notre maison, nous sommes allés chez sa tante adorée. Nous avons enterré Caramel, tout au fond de son immense jardin. Sur sa tombe, nous avons déposé une grosse pierre ronde sur laquelle Raphaëlle avait écrit à l'acrylique rouge : «Caramel, je t'aime, août 2001.»

Durant toute cette cérémonie, les membres de notre petite famille formaient un cercle autour de la petite tombe. Et après avoir déposé la grosse pierre, nous avons chanté ensemble une chanson sur les jours qui passent et les liens qui demeurent à travers le temps. Le petit Jérémie, qui avait cinq ans à l'époque, avait préparé un petit bouquet de fleurs qu'il a déposé simplement. Pas de long discours ; toute cette cérémonie dans un grand silence.

Tous les préparatifs avaient été réalisés la veille, et l'enterrement n'a pas duré plus de dix minutes. Les célébrations n'ont pas besoin d'être longues, et leurs préparatifs, compliqués. Elles ont besoin d'être significatives. Raphaëlle avait demandé qu'il n'y ait que nous à la cérémonie d'adieu, et même sa tante adorée n'a pas été invitée, même si tout cela se passait chez elle. À cette occasion, sa communauté se résumait à ses frères, son père et sa mère. Il fallait respecter cela pour que ma fille trouve un sens au rituel.

La petite a voulu tout de suite qu'on aille chercher un chien et nous avons refusé. Je savais que cette demande était une tentative pour escamoter la peine, remplir vite, vite, un vide dans son paysage affectif. Nous l'avons plutôt longuement laissée revenir de ce passage. Laisser retomber l'intensité des émotions, afin qu'elle puisse cueillir les fruits de cet événement. Lui permettre, enfin, de rattacher les bouts de fils ensemble, avec ses propres ressources et celles de sa communauté.

Sept mois plus tard, nous sommes allés chercher Max, un gros golden retriever de trois ans, avec nos trois enfants. Et je puis vous assurer qu'il n'a jamais pris la place de Caramel. Il est entré dans le cercle de notre famille pour ce qu'il était, et chacun a tissé des liens personnels avec lui. Il est devenu le sixième membre de notre famille. Que dire du rôle que ce chien a joué dans la guérison des traumatismes de notre famille ! L'année suivante, il est mort et nous avons tous eu beaucoup de peine. Mais nous savions aussi que nous surmonterions cette perte parce qu'il y en avait eu d'autres, et que nous les avions laissées derrière nous. Les pertes font partie de la condition humaine, et aucun d'entre nous n'a regretté tout le bonheur que nous a apporté ce chien, juste parce que nous l'avons perdu. Ce serait tenter de retenir la vie, alors qu'elle nous invite à danser.

Les enfants et les grandes personnes vivent toutes sortes de pertes. Un précieux vélo volé, un ami qui déménage, une amitié rompue, un frère qui part vivre à l'étranger, un emploi perdu. Toutes les pertes méritent qu'on pose les yeux sur elles et qu'on les «traverse» comme les vagues en haute mer. Elles ne nécessitent pas toutes de grandes cérémonies, c'est à vous de voir. De simples gestes qui marquent le changement, une communauté présente, peu importe le nombre, et le temps qu'il faut pour redescendre et s'approprier les retombées de l'événement. Parfois, il suffit d'un peu et, d'autres fois, il nous en faudra davantage. Personne ne peut juger de nos besoins parce qu'il n'y a que nous qui devons trouver le chemin du sens des choses et des événements.

Il ne s'agit pas de dramatiser un événement sans importance. Il s'agit de reconnaître les passages et de savoir baisser la tête : cela nous évitera de nous cogner le crâne dessus en y pénétrant.

Installer des préparatifs, poser les gestes significatifs et symboliques et, finalement, nous laisser redescendre du sommet. Tout doucement.

Les traumatismes et les guérisons

Certaines des pertes que vivent les hommes et les femmes surviennent à la suite de traumatismes : un accident de voiture, l'incendie d'une maison, un acte criminel, une agression sexuelle et bien d'autres encore. À la perte s'ajoute un choc physique ou psychologique important. L'intégrité physique ou mentale peut être touchée, mais on peut également perdre notre sentiment de sécurité, nos illusions, l'image que nous nous faisions de nous-même, et notre réseau social.

Ces passages sont toujours longs à traverser et, en ce sens, ils s'apparentent grandement au deuil puisqu'il s'agit bien de la mort d'une partie de nous, qu'elle soit physique, mentale ou spirituelle. Parfois, ce sont des boucles que nous n'arriverons jamais à boucler, et il nous faudra apprendre à vivre avec des questions sans réponses.

Parmi ces boucles qui restent douloureusement ouvertes, il faut dire quelques mots des personnes disparues. Des dizaines d'enfants disparaissent chaque année, des conjoints et des amis se volatilisent dans la nature. Peut-être, aussi, s'agit-il d'un enfant devenu adulte et qui a rompu tous ses liens avec nous, nous laissant sans nouvelles... Ici, c'est une angoisse qui ne nous quitte plus et qui connaît des vagues, elle aussi, des crues et des ressacs. C'est comme porter une histoire jamais finie. Attendre indéfiniment. Ces disparitions finissent très souvent par laisser un vide autour de nous parce que la souffrance est un «abrasif» sans pitié pour nos relations. Il nous faudra prendre garde à ne pas rompre tous les liens avec notre communauté. Il n'y a qu'elle pour nous aider à vivre avec ce vide.

Le traumatisme nous laisse une vie chamboulée d'où nos repères personnels ont disparu. Ce sont ces repères que des gestes symboliques pourront réinventer, réinstaller. La vie est changée pour toujours. Il nous faudra trouver de nouveaux points d'appui. Et tout cela demande beaucoup de temps. Mais en chemin, il peut arriver que certaines actions nous aident à avancer jusqu'à la prochaine étape.

Un jour, mon fils de cinq ans est resté coincé sous un tunnel de neige effondré. Je l'ai retrouvé, gisant inanimé. Il était en arrêt cardiorespiratoire. J'ai cru qu'il était mort et, quand il a finalement recommencé à respirer, tout mon univers était déjà sens dessus dessous. Cet accident a changé pour toujours sa vie, la mienne et celle de toute notre famille. Un traumatisme, c'est comme vivre toute sa vie dans un jardin au sommet d'une montagne et soudainement, être précipité en bas et se retrouver dans l'eau glacée de l'océan. Alors, il nous faut apprendre à vivre dans l'eau et se faire pousser des branchies, nous qui avions toujours gardé les pieds bien au sec.

Le surlendemain, alors qu'il était sur pied, mon petit Jérémie et moi avons pris chacun une pelle et nous sommes allés détruire ce qui restait du château de neige : « Pour que plus jamais un petit garçon ne reste coincé sous la neige », lui ai-je dit. Et, tous les deux, nous avons frappé avec acharnement, bien plus qu'il n'était nécessaire. Quand il n'est plus resté qu'un tas de neige informe, j'y ai planté un fanion orange vif avec une longue hampe, assez longue pour traverser l'amas de part en part. « Nous plaçons ce signe pour marquer le lieu et le jour où un petit garçon a failli mourir et pour se souvenir toujours de son courage et de sa force dans l'attente des secours. » Ces mots exprimaient à la fois toute notre peine et toute notre peur, mais aussi toute notre joie pour sa vie sauve. Spontanément, mon petit garçon de quatre ans a levé les bras au ciel avec un grand sourire et a poussé ensuite un cri extraordinaire. C'était la fin de la crise aiguë, nous commencions à quitter le sommet de l'événement. Pendant deux jours, nous étions restés suspendus dans l'irréalité de l'accident, comme figés, engourdis dans le néant. Ces gestes rituels sur la neige nous ont permis de mettre fin à la paralysie. Je savais qu'un long moment s'écoulerait avant que nous retrouvions la paix. Des années, en fait. Nous n'étions pas sortis du bois, comme on dit. Loin de là. Mais nous pouvions enfin recommencer à avancer lentement. L'atterrissage serait long, mais je savais qu'au moins, nous avions amorcé la descente. Il est évident que cette très courte cérémonie a permis à Jérémie de retrouver le plaisir de jouer dans la neige, dès l'hiver suivant. Les gestes posés avaient ciblé très précisément l'événement, nous permettant d'écarter tout le reste.

De nombreux autres rituels ont jalonné les mois suivants. Après des semaines de cauchemars, dont Jérémie se réveillait terrifié et tremblant, nous avons fabriqué, guidés par une femme abénaquise, un vrai capteur de rêves en branches de saule et en nerfs d'orignal. Avec elle, nous avons procédé à un rituel qui investissait ce capteur de rêves des pouvoirs qu'il fallait. Et les cauchemars de Jérémie ont commencé à diminuer. Il ne s'agit pas ici de nourrir des superstitions qui nous enferment, mais bien de trouver l'objet qui permettra de chercher une réponse aux blessures spirituelles. Jérémie connaissait déjà les capteurs de rêves et c'est lui qui a eu l'idée de s'en servir. Pour un autre enfant et dans d'autres circonstances, ça aurait pu être autre chose. C'est le sens des gestes qui importe. Au propre et au figuré, puisque ces gestes devraient nous indiquer aussi la direction à suivre pour continuer d'avancer, continuer de vivre.

Les blessures spirituelles heurtent notre compréhension de la vie et du monde. Elles nous font perdre le nord, d'une certaine manière, en remettant en question les repères de notre foi. Ainsi, avant l'incident du tunnel, je croyais profondément que, si nous étions de bons parents qui faisaient bien leur travail de parents, rien de grave ne pourrait arriver à nos enfants. Cette conviction était fondamentale chez moi. Or, l'incident du tunnel a fait chavirer mes repères et mis en pièces cette conviction. Il m'a fallu attendre très longtemps et douloureusement qu'un nouvel ordre des choses s'organise dans ma conception du monde. Aujourd'hui, je sais que je ne pourrai jamais protéger mes enfants de tout; j'ai pris la mesure de mon impuissance. Et cela a changé mon âme pour toujours.

Dans toutes les célébrations, on trouve un geste qui en marque le début, et un autre, qui en marque la fin. Ces gestes précèdent et annoncent, en quelque sorte, le début de l'atterrissage et du temps qu'il faut y accorder. C'est un geste que tous reconnaissent comme marqueur, dans la mesure où ils le connaissent. Ainsi, quand la chorale entonne le *Minuit chrétien* à la messe de Noël, on sait bien que celle-ci débute. Quand on rallume les plafonniers, à la fin d'une fête, on comprend qu'il s'agit de la fin. Mais si un geste porte assez puissamment le symbole du sens qu'il a, tous le reconnaîtront, même sans l'avoir déjà vécu avant. Il en a été ainsi du drapeau sur le tas de neige.

Il m'est souvent arrivé de constater que nos rituels marquent ceux qui nous entourent. Ils créent une sorte d'élan dans lequel sont entraînés tous ceux et celles qui sont touchés par le sens des choses. Il y a quelques années, j'ai eu un grave accident de voiture. J'ai regardé la mort dans le blanc des yeux. On a dû découper la voiture en deux morceaux pour me sortir de là et j'ai vraiment cru que j'y resterais. Après l'hôpital, je suis restée plusieurs semaines en convalescence. Un jour, je me suis assise derrière le volant et je savais qu'il s'agissait d'une sorte d'épreuve et que je devais faire appel à tout mon courage. J'ai attaché ma ceinture, mis le moteur en marche et je suis partie doucement. Une personne qui m'aime était assise à côté de moi. Je savais que ce tour en voiture marquait le premier pas vers la guérison émotionnelle. Dans les jours qui ont suivi, je suis allée rencontrer les quatre pompiers qui m'avaient parlé et tenu la main durant les deux heures qu'avait requis ma décarcération de la voiture. À la porte de la caserne, quand ils ont compris que j'étais venue les remercier, ils m'ont reçue comme une soeur aimée qui revient d'un long voyage. Tant de chaleur et d'accueil m'ont profondément émue. Je leur ai dit tout ce qui m'avait fait du bien dans leurs interventions : la voix douce et calme, leurs mains fermes et sûres, leur humour aussi. Je leur ai expliqué comment je m'étais sentie, où j'étais dans ma tête durant ces deux longues heures. Ils savaient que je venais pour boucler la boucle. Avec eux, je suis retournée sur les lieux de l'accident et j'ai fait le tour du terrain plusieurs fois, revoyant les images dans ma tête. Je suis remontée en voiture et j'ai refait le trajet et pris le virage fatidique. Mes pompiers étaient fiers de moi. C'est là que je me suis rendu compte que mon rituel de guérison permettait aussi à ces pompiers de retrouver le sens de leur travail, de leur engagement. Ils m'ont tenu les mains en me remerciant d'être passée leur raconter tout ça. Mes mots avaient incarné pour eux le chemin silencieux sur lequel ils avancent après avoir sauvé une vie.

En revenant à la maison, j'ai brûlé ma jaquette d'hôpital, mon bracelet d'identification, la plaque minéralogique de la voiture, les restes du formulaire de la SAAQ. Avec mon amoureux debout à côté de moi, j'ai chanté dans la nuit et le froid un *Alleluïa*, reconnaissante d'être en vie avec si peu de séquelles physiques. On ne contrôle pas toujours le début d'un événement, comme dans le cas d'un traumatisme ou d'une disparition, mais on peut le jalonner de cérémonies qui ouvrent puis referment certaines boucles. Il en est ainsi du retour sur les lieux d'un accident, par exemple, puis, des années plus tard, du retour au centre de réadaptation, debout, au moins dans notre cœur, si ce n'est sur nos deux jambes. Ainsi, le même événement traumatisant générera de nombreuses boucles et chacune d'elles sera d'abord ouverte, puis refermée.

L'épisode de la crise du verglas de 1998 fait partie de ce genre d'événements, pour plusieurs personnes. Obligées de quitter leur maison et de trouver refuge ailleurs, certaines familles ont dû vivre plusieurs déménagements au cours des trente et un jours de crise. Notre famille a dû changer cinq fois d'endroit durant les vingt et un jours qu'a duré notre «exil», chacun des «refuges» perdant l'électricité à son tour. Il m'apparaît clairement aujourd'hui que les points de presse de Steve Flanagan, porte-parole d'Hydro-Québec, diffusés quotidiennement, ont joué le rôle de marqueurs durant cette crise, ouvrant et fermant nos journées. C'est peut-être ce qui explique la popularité dont il a joui dans les mois qui ont suivi la crise : il était devenu l'objet symbolique que nous avions collectivement investi, c'est-à-dire que nous lui avions attribué le pouvoir de redonner un sens à tout cela.

Quand je suis rentrée dans ma maison, trois semaines après l'avoir quittée en catastrophe et sans savoir pour combien de temps, j'ai embrassé le plancher. C'était mon geste marqueur de la fin de la crise et du début d'un recommencement. On a tous bien rigolé de ce geste, mais encore aujourd'hui, lorsque l'un d'entre nous raconte l'épisode du verglas, le récit se termine invariablement par ce baiser sur le plancher de l'entrée. C'est donc dire que, même si je suis la seule à l'avoir fait, il a été un marqueur pour tous les membres de la famille. Au jour anniversaire du début du verglas, l'année suivante, nous avons organisé une fête avec tout le groupe qui avait partagé les premiers jours de notre «errance». L'un de nous avait conservé au congélateur une branche verglacée et nous l'avons posée au centre de la table. Nous nous sommes raconté les incidents de ces vingt et une journées hors du commun. Nous avons beaucoup ri et comparé nos souvenirs, qui ne correspondaient pas toujours. Un an plus tard, nous refermions la boucle de nombreuses petites blessures. Cette fête marquait la fin. Toute cette histoire était enfin derrière nous.

Dans le cas d'une disparition, on ne peut jamais dire que cette histoire est derrière nous. Peut-être, alors, sera-t-il « aidant » de célébrer la date anniversaire de la disparition. Il ne s'agira pas de s'enfoncer dans le désespoir, mais bien de prendre un temps qui nourrit notre espoir et rappelle le lien que nous avons avec la personne disparue. Nous pouvons lui parler, de toutes sortes de manières, entourés par notre communauté qui signifie ainsi qu'elle se rappelle celle qui n'est plus là. Cette célébration, déterminée dans le temps, nous permettra de vivre mieux le reste de l'année puisque nous aurons réservé un moment privilégié pour exprimer notre douleur et notre espoir. Ce genre de geste libère tous les autres gestes qu'il nous faut poser pour continuer à vivre. D'une certaine façon, il ferme temporairement la boucle de la perte. Il ne met pas fin au vide ou à la douleur. Cependant, il permet de la canaliser dans un rite qui laisse le reste de notre vie ouverte à autre chose que la peine et la désespérance.

Dans tous les traumatismes, graves ou moins graves, il est indéniable que quelque chose à l'intérieur de nous a été blessé, parfois même rompu. Quelque chose dans nos assises profondes, dans notre esprit. Quelque chose dans notre essence. Et cette essence, c'est ce que j'appelle l'âme. Les cérémonies cherchent à guérir l'âme de cette blessure. C'est pourquoi elles font appel aux symboles et à notre vie spirituelle. Ces symboles doivent bien évidemment être chargés de sens, et la raison sera de peu de secours dans cette recherche de sens.

Les défis relevés

Le rituel de la remise des médailles après une compétition est un bel exemple des cérémonies qui marquent la fin d'une épreuve, d'un défi relevé. C'est une cérémonie collective où nous reconnaissons tous les signes et le sens des gestes posés. Mais les défis de la vie sont bien plus nombreux que les compétitions sportives ! Et certains de ces défis représentent des étapes déterminantes dans la vie d'une personne. Ainsi, tous les athlètes des Jeux olympiques devraient pouvoir célébrer leur participation à ce défi. Ils le feront moins publiquement, puisque la valeur de cette participation sera reconnue seulement par leur communauté propre, mais on ne devrait pas laisser cette étape dans le vide, simplement parce qu'on n'a pas gagné de médaille.

Notre intuition et notre attention nous permettront de trouver les défis importants de la vie et de les souligner à leur mesure.

Mon plus vieux a dû suivre des traitements d'orthodontie et porter un appareil dentaire. Durant ces trois années, il y a eu des jours faciles et d'autres où toutes ses ressources étaient mobilisées pour continuer de porter l'appareil. À la toute fin, quand l'orthodontiste lui a définitivement retiré l'appareil, nous avons fait une petite fête. Dans l'après-midi, chacun de nous s'était fabriqué un appareil comme le sien, mais en papier. J'ai fait un gâteau et, au souper, nous portions tous nos appareils, sauf Joël ! On a bien rigolé et, juste après avoir soufflé les trois chandelles du gâteau, on a tous cogné sur nos verres pour lui demander un discours. Imitant les récipiendaires des prix Gémeaux, il a pris un ton ému pour remercier ses parents, leur banquier, son orthodontiste et toute son équipe de production pour le support indéfectible qu'il avait reçu. On se tordait de rire, mais au fond, mon fils était en train de boucler la boucle et de faire le bilan de ce petit défi. La petite cérémonie n'avait rien de compliqué. Elle n'avait pas besoin de l'être. Mais elle marquait la fin d'une étape.

Un petit garçon qui a pris beaucoup plus de temps que les autres avant de réussir à pédaler sur un vélo parce qu'il avait peur, devrait pouvoir célébrer sa victoire. Pas besoin de grands tralalas ! Quelques ballons, un gâteau fait maison, puis une balade familiale en vélo dans le quartier, les ballons accrochés aux guidons, et le tour est joué !

Une année scolaire mal partie et que l'enfant arrive à redresser, un emploi trouvé enfin après une période de chômage, un projet qui se termine et dans lequel on a mis tout notre cœur, la fin des rénovations... Toutes ces petites étapes sont des marqueurs qui nous préparent à affronter de plus grands défis. Si nous en tirons tous les fruits, c'est notre identité essentielle que nous reconnaissons. Ce sont nos racines que nous plongeons profondément dans la vie. C'est notre vie spirituelle que nous nourrissons. Et tout cela est infiniment précieux.

Les transformations

D'autres célébrations marqueront des périodes de transformation profonde. Elles peuvent souligner le deuil, des souffrances physiques ou un traumatisme. Mais certaines d'entre elles incarnent des transformations par essence. La ménopause est de celles-là. La désintoxication, la fin d'une thérapie, une rupture avec un conjoint violent, qu'on a initiée nous-même... Ce sont des passages plus marquants que d'autres, parce qu'ils changent profondément notre vie. Ils la transforment.

Des dates prendront ici valeur de symbole. C'est pourquoi le premier jour de sobriété, par exemple, est souligné annuellement chez les AA et dans tous les groupes anonymes qui ont adapté les « douze étapes » de ce groupe d'entraide. Si le premier jour était un 12 janvier, alors tous les douze janvier, cette personne se retrouvera au sein de son groupe, pour célébrer. Elle pourrait choisir de le faire avec sa famille, qui a certainement traversé des épreuves elle aussi, mais elle ne manquera pas de rejoindre sa communauté d'alcooliques sobres parce que c'est elle qu'elle a investie dans sa guérison. Ce groupe, formé par ses semblables, porte collectivement tout le sens de son cheminement.

Sans doute trouverez-vous vous-même les gestes et les objets qui marqueront ces célébrations. Du moment qu'ils ont du sens pour vous et qu'ils vous permettent de continuer d'avancer, vous aurez trouvé les motifs de votre célébration.

Les transformations n'ont pas besoin d'être décisives ou parfaites, ni même permanentes, pour être célébrées. Qui sait de quoi sera fait demain ? Mais il nous faut impérativement reconnaître ces transformations. Le faire dans le cadre d'un rituel qu'on aura choisi nous permettra de garder contact avec nous-même, avec ce que nous sommes et tout ce que nous portons en nous et qui est encore à venir. Ne s'agit-il pas d'une réconciliation, toujours à refaire et toujours apaisante, entre ce que nous souhaiterions de la vie et ce qu'elle nous offre sans qu'on l'ait demandé ?

Le combat singulier contre le cancer

J'ai une copine qui a mené un terrible combat (mais y en a-t-il de petits ?) contre le cancer du sein, encore aujourd'hui l'un des trois cancers les plus souvent mortels chez les femmes. Elle entourait ses traitements de chimiothérapie d'un rituel très personnel, et ça l'aidait beaucoup. Elle disait toujours « le cancer » et non pas « mon cancer », parce que cet article non possessif lui permettait de placer symboliquement ce cancer devant elle, comme un ennemi extérieur, et non pas de le concevoir comme étant une partie d'elle-même, ce que le déterminant possessif « mon » faisait, de son point de vue. Peu importe, voyez-vous, que cela soit vrai ou pas dans l'absolu. C'était vrai pour elle, et ce geste symbolique verbal en était investi.

Après cinq ans de rémission, on lui a dit qu'elle était guérie. Ce jour-là, avant de retourner chez elle, ma copine est allée s'acheter le plus extravagant soutien-gorge de toute sa vie et elle l'a enfilé tout de suite, sur place. Cet objet se trouve encore aujourd'hui soigneusement plié dans son tiroir. C'est le seul qu'elle a toujours lavé à la main. Et elle le porte encore à présent, chaque fois qu'elle a un défi à relever ou une journée difficile en perspective. Ce soutien-gorge lui rappelle sa victoire, sa force, son courage. Ce soutien-gorge est devenu le symbole de sa guérison, tant physique que spirituelle. Qui d'entre nous peut juger de la valeur d'un objet symbolique ?

Le dragon symbolique

Je connais une jeune femme qui s'est fait tatouer à la fin d'une thérapie qui lui avait permis de recoller les morceaux de sa vie brisée par l'abus sexuel dont elle avait été victime dans son enfance. C'est dans la semaine qui a suivi la confrontation avec son agresseur qu'elle a posé ce geste. Un magnifique dragon, sur un endroit de son corps où seuls ses intimes pourront le voir. Ce dragon symbolise sa force et le pouvoir qu'elle a retrouvé sur son propre corps. Puisqu'elle doit être nue pour qu'on le voie, ce tatouage est donc la marque de sa nouvelle capacité à décider qui elle laisse entrer dans son intimité.

La mort

On a beau avoir entendu mille fois que la mort fait partie de la vie, elle nous surprend toujours. Elle fait sourdre des questions tellement fondamentales qu'elles nous donnent le vertige : qu'y a-t-il après cette vie ? Que reste-t-il de ces liens si longuement tissés avec les personnes qui meurent ? Et moi, combien de temps me reste-t-il ? La mort nous laisse avec la terrible nécessité de continuer à vivre, alors qu'il manque dorénavant une partie de notre paysage affectif. Que nous perdions un enfant plein de santé ou un parent très âgé et malade depuis longtemps, le vide laissé par son départ sera ressenti profondément.

Elisabeth Kübler-Ross a déjà étudié en détail les différentes étapes du deuil, et il n'est pas nécessaire de refaire ici son remarquable travail. Rappelons simplement que ce passage-là requiert bien évidemment des gestes et des rituels significatifs, afin de traverser ses terres arides.

Quelques gestes essentiels et millénaires devraient vous être permis, parmi lesquels la possibilité de voir le corps et de le toucher, si vous en avez envie. Loin d'être morbide, ce dernier contact vous aidera énormément dans les semaines qui viennent, à faire face à cette nouvelle réalité. Ce contact devrait être permis, particulièrement aux enfants qui perdent quelqu'un de très proche d'eux. Sans ce difficile face-à-face avec la mort, les petits (et les grands !) resteront habités par le doute et l'irréalité de la disparition de l'être cher. On n'insistera jamais assez sur la nécessité de voir « en face » la mort de quelqu'un qu'on aime. Il arrive que les personnes aient spécifié leur désir de ne pas être exposées. Et c'est dommage. Dans ce cas, les enfants de cette personne devraient être autorisés à voir le corps, avant sa disparition. Il n'est pas question, ici, de mettre les enfants devant un corps défiguré ou le spectacle d'une personne méconnaissable ! Il importe, surtout pour les enfants, que le corps soit paisible. Toutes les cultures ont compris cela à travers les siècles et c'est pourquoi, ici, nous exposions le corps durant trois jours avant de procéder aux funérailles. On a tort de sauter par-dessus ce rituel, même si la personne décédée n'en voulait pas. À ce moment-ci, il nous faut prendre soin des vivants, non pas des morts, et ceux-là ont besoin de ce contact.

Le temps est ici un facteur déterminant dans le passage du deuil. Ainsi, on pourrait être tenté de faire incinérer le corps le lendemain de la mort, «pour en finir au plus vite.» Mais, en fait, vous obtiendrez le résultat inverse : le deuil sera plus long, plus difficile et plus pénible. Peut-être même n'en «finirez-vous» jamais. Avec la mort de quelqu'un qu'on aime, comme dans toutes les célébrations, on note une «montée», un sommet et un atterrissage. Dans notre civilisation, malheureusement, il arrive souvent que tout cela doive se faire en trois jours à cause des règles du marché du travail. On ne peut que le déplorer et mesurer les effets d'une telle pratique : déni de la peine, deuil interminable, dépression. C'est peut-être dans le deuil que nous pouvons le mieux mesurer la nécessité des rituels et du temps qu'il faut prendre pour franchir les différentes étapes de la vie. Le spectacle des larmes et de la souffrance est trop souvent camouflé et évacué en deux temps trois mouvements. Et peut-être que nous ne nous rendons pas compte que c'est précisément cette attitude qui rend la mort si effrayante dans notre Occident si parfaitement homogène, lisse et bien élevé.

Ainsi, il nous faut laisser couler les larmes et les mots de la douleur, *ad nauseam*. Et il nous faut quelqu'un pour les recevoir, aussi longtemps qu'ils couleront. Ne laissez personne vous dire au bout d'une semaine qu'il faut passer à autre chose. La mort n'est pas une page que l'on tourne. Ce n'est pas non plus un événement comme les autres. Contrairement à beaucoup d'autres célébrations, celle-ci vous laissera avec un vide à remplir. C'est une perte, pas un simple changement.

Les objets, les actions

Des objets seront investis par vous. Au début, peut-être y en aura-t-il beaucoup, peut-être même tous les objets qui vous lient à la personne vous apparaîtront intouchables. Prenez le temps qu'il faut. Ne brusquez pas la disparition des traces de ces liens si précieux. Il viendra un moment où leur nombre diminuera et il vous en restera quelques-uns. Ceux-là deviendront les objets symboliques dont nous avons tous besoin pour poursuivre notre vie. Ne laissez personne vous dicter votre conduite sur cette question.

Avec le temps, vous chercherez sans doute quelque chose qui incarne de manière plus permanente son passage dans votre vie et marque le sens de la vie qui continue. Pour beaucoup de proches de personnes décédées à la suite d'une maladie ou d'un accident, l'action préventive donnera un sens à l'événement. Ils sont nombreux à militer ou à faire du bénévolat dans un organisme rattaché à la raison de la mort de la personne. Ainsi, de nombreux bénévoles de la Société québécoise du cancer ont connu un proche décédé de cette maladie. D'autres ont milité dans un regroupement pour le contrôle des armes à feu, à la suite de l'assassinat par balle d'un proche, menant même des campagnes publiques largement diffusées. Tout cela est très bien. Mais votre action et l'objet investi peuvent être beaucoup plus discrets. Je connais le père d'une adolescente qui a planté des lis blancs dans l'année qui a suivi le décès de sa fille. Chaque année, il en plantait de nouveaux, jusqu'à réaliser un formidable jardin. Annuellement, il le retravaille et l'entretient avec amour. Il a ainsi trouvé l'objet qui lui permet de donner un sens à la vie, un symbole de la continuité de la vie.

Tous ces gestes sont l'incarnation d'un puissant espoir : rien n'est inutile, tout a un sens. Chacun trouvera son chemin vers ce sens, à sa manière et à son rythme. Pour cela, il suffit de le rechercher courageusement.

Encore un mot pour ceux et celles qui entourent la personne endeuillée. Perdre un être cher est déjà assez difficile sans qu'il nous faille l'effacer de nos conversations. Contrairement à ce que la plupart des gens croient, il est plus facile de passer à autre chose quand les gens qui nous entourent continuent de parler de la personne décédée, au lieu d'éviter soigneusement le sujet. Ainsi, il nous est permis de vivre l'absence de la personne que nous avons aimée. Si personne n'en parle plus jamais, alors la réalité de nos liens affectifs disparaît. C'est comme si toute son histoire n'avait pas eu lieu. Et c'est vraiment ça le plus dur : quand on a l'impression qu'elle n'a jamais existé.

Perdre un enfant

Voilà sans doute le deuil le plus éprouvant qui soit. On croit, à tort, que la mort d'un tout petit bébé est moins cruelle, parce que les parents n'auraient pas eu le temps de s'attacher à lui. La plupart des gens passent même sous silence la perte d'un enfant pas encore né, c'est-à-dire une fausse couche. Quelle erreur !

Notre lien avec l'enfant commence à se tisser bien avant sa venue au monde. Dans plusieurs cas, il commence même avant sa conception. Peut-être en aurons-nous rêvé ! Nous l'aurons imaginé dans nos bras, avant même qu'il habite notre ventre. Nous aurons fait des plans pour sa venue, songé à notre nouvel horaire, imaginé une nouvelle maison, peut-être. Les enfants sont portés par leurs parents bien plus longtemps que les neuf mois de la gestation !

Pour plusieurs, une fausse couche, ce n'est pas anodin. Ce n'est pas un simple «accident», «pas de quoi s'en faire, vous en ferez un autre». C'est une perte importante, et bien plus qu'une simple perte physique. C'est une perte spirituelle et affective. Voilà pourquoi les raisonnements et les encouragements ne viendront jamais à bout de votre peine. Si vous rencontrez uniquement de l'indifférence et de l'incompréhension après la perte de votre bébé (et peu importe le nombre de semaines pendant lesquelles vous l'aurez porté!), continuez d'en parler jusqu'à ce que vous rencontriez quelqu'un qui vous accueille vraiment. C'est important. Dans tous les passages de notre vie, nous avons besoin de sentir la présence de la communauté près de nous, nous avons besoin de son soutien et de sa tendresse. Parfois, seulement une ou deux personnes suffiront pour l'incarner, mais ce soutien est absolument nécessaire.

Dans de nombreux hôpitaux, on vous fera savoir, quand c'est possible, de quel sexe était l'enfant à naître. Et les jeunes bébés décédés après leur naissance pourront être bercés aussi longtemps qu'il le faut. Souvent, le personnel infirmier aura pris des photos. Gardez-les. Elles vous seront précieuses plus tard.

Il faut parler à cet enfant. Il faut lui dire adieu. Toutes les manières sont bonnes, du moment que vous en trouverez une qui vous conviendra. Beaucoup choisiront de lui écrire une lettre. Imaginez où il se trouve maintenant. Plongez dans vos croyances et dans votre conception spirituelle de l'après-vie. Est-il dans les bras aimants de Dieu? Dans la lumière originelle? Dans le cosmos, éternellement paisible? Peu importent vos croyances, ce qu'il vous faut, c'est trouver le sens de tout cela. Peut-être n'y avez-vous jamais vraiment réfléchi sérieusement. C'est le moment. Trouvez le lieu spirituel où l'enfant vous attend. Peut-être croyez-vous à la réincarnation, peut-être pas. Tout cela n'est pas déterminant. Ce qui l'est, c'est que vous préserviez vivants les liens réels que vous avez eus avec la personne décédée. Il ne s'agit pas de déni, bien au contraire. Il s'agit de se rappeler que ces liens sont maintenant transformés de manière irréversible et qu'il vous faut en retrouver le fil. Rien de ce que vous avez vécu avec cet enfant n'a disparu. D'une certaine façon, le dessin de votre vie vient de s'élargir considérablement car il inclut dorénavant un espace hors de votre portée immédiate. Le deuil consiste à trouver comment inclure cet espace dans votre paysage. Alors, trouvez dans votre cœur et dans votre âme où se trouve maintenant celui que vous aimez, et dites-le-lui.

La longueur de la lettre n'a pas d'importance, du moment qu'elle contient tout ce que vous avez à dire à l'enfant. Les mots viendront, ne vous inquiétez pas, qu'ils soient couchés sur le papier ou prononcés clairement dans le silence. Peut-être voudrez-vous lui dire où vous le voyez, tout ce qui vous lie ensemble, tout ce qui transcende sa présence physique. Pourquoi ne pas considérer ce que sa présence dans votre vie vous a légué ; caressez cet héritage et tout ce que cet enfant vous a apporté, appris, donné. C'est cela, faire ses adieux. Se retourner et voir la richesse de notre lien. Certains prendront l'habitude de parler à l'enfant souvent et peut-être même durant toute leur vie. Mais cette première lettre est déterminante pour installer la nouvelle donne.

La mort d'un enfant s'inscrit dans une telle incongruité que toute la vie semble perdre son sens. Tous les gestes que vous poserez pour retrouver le sens de tout cela sont précieux.

La cérémonie

Toutes les entreprises funéraires offrent un vaste éventail de cérémonies. Vous pouvez leur faire confiance pour trouver celle qui vous conviendra. Vous pouvez évidemment en inventer une qui correspond à vos croyances, à vos valeurs et à vos moyens. J'ai des amis qui ont perdu une fillette de dix-neuf mois, et la cérémonie très simple pour laquelle ils ont opté était pleine de ballons multicolores. Ils avaient demandé à chacun d'apporter un objet qui leur rappelait Théodora, au lieu des fleurs traditionnelles. Et eux-mêmes avaient apporté un plein pot de sucettes pour les enfants venus dire adieu à leur petite. Évidemment, nous avions tous beaucoup de peine, mais cette façon de faire rendait hommage à la vie de Théodora et à la préservation des liens qu'elle avait eus avec nous tous. Son parrain a chanté sa chanson préférée, et mes amis ont prononcé quelques mots qui rappelaient l'héritage de cette enfant pour sa communauté.

Ce rassemblement de la communauté et ces quelques mots sont importants. Lors de funérailles religieuses, elles seront prononcées par l'officiant, mais elles pourraient l'être par quelqu'un d'autre qui connaît bien la famille et l'enfant. Ce ralliement collectif permet de sentir la présence de l'entourage et aussi la reconnaissance de l'événement. Comme dans toutes les célébrations, c'est cette présence qui assure la continuité de la vie et de son sens.

Comme au jour de sa naissance, où nous avons formé un cercle autour de l'enfant, nous devons aujourd'hui faire appel au cercle millénaire de l'humanité pour le laisser partir. Même si ce cercle n'est que symbolique, il nous permet d'avancer d'un pas vers cette métamorphose de la vie qu'est la mort. Les enfants qui perdent un parent devraient pouvoir aussi compter sur cette communauté, son accueil et son soutien. Surtout, ne cherchons pas à épargner la douleur des enfants. La seule chose qui puisse les aider, c'est votre présence inconditionnelle à leurs côtés. Pas vos mots, pas vos conseils. Simplement la traversée du rituel d'adieu et le maintien des repères qui donnent encore un sens à leur vie.

Que tous ceux qui le souhaitent puissent exprimer leurs liens, leur peine et leur héritage. Par les mots, les gestes, les objets. Tout cela, c'est reconnaître la vie et la mort, le passage.

Le suicide

La mort par suicide, c'est un double choc, comme les accidents d'ailleurs. En plus de nous mener aux frontières des questions fondamentales, elle nous induit souvent dans le doute de notre responsabilité face à l'événement. Aurais-je pu faire quelque chose ? Qu'est-ce que je n'ai pas fait et que j'aurais dû faire ? La recherche du sens des choses devient alors plus ardue et tortueuse. Il nous faudra probablement aller chercher de l'aide extérieure si l'on ne trouve pas au cœur de notre communauté des personnes capables de nous rappeler fréquemment que les êtres humains ne contrôlent pas tout dans leur vie. Ces personnes devraient nous permettre de faire face à notre sentiment de culpabilité, en y renonçant finalement et non pas en le déniant. Cette démarche nous mènera à l'humilité qui vient avec l'acceptation de notre impuissance devant la vie, et nous éloignera du sentiment d'échec ou de honte qui jaillit si souvent dans ces situations.

Beaucoup de questions sans réponses resteront suspendues dans notre vie. Les poser à voix haute, même en sachant que les réponses ne viendront peut-être jamais, c'est essentiel. Dessinez, écrivez, peignez. Et partagez votre recherche de sens avec des personnes qui ne jugeront pas vos essais et vos erreurs. Nous chercherons probablement à comprendre pendant un bon moment, jusqu'à ce que nous acceptions de ne pas comprendre. Et c'est à ce moment-là que vous trouverez le geste et l'objet qui vous permettront de boucler la boucle. Pour de nombreuses personnes, cela a été de revenir à un projet mis en veilleuse depuis longtemps. Un retour aux études, un ralentissement dans la vie professionnelle, l'apprentissage d'un instrument de musique, quelque chose que l'on repoussait sans arrêt. Une réponse active à l'urgence de vivre. Une sorte de pied de nez à l'incompréhension. Ce geste aura avantage à être vécu comme toute célébration : une «montée», un sommet et un atterrissage. Réfléchir d'abord, choisir soigneuse-

ment votre geste et le partager avec la personne décédée.
Passer à l'action et persévérer ensuite. Car l'atterrissage
fait souvent rejaillir la culpabilité. Persévérez et donnez le
temps aux choses de retrouver leur sens.

Avec le temps

La première année qui suit la mort de quelqu'un qu'on aime
est une suite d'événements à réinventer, particulièrement
si nous vivions avec la personne disparue. Ainsi, il y aura
le premier Noël sans elle, puis les premières vacances sans
elle, son anniversaire de naissance, peut-être notre premier
anniversaire de mariage. Parlons-lui chaque fois pour lui
dire notre peine de vivre tout cela sans elle. N'hésitons pas
à en parler à voix haute à ceux qui nous entourent. La parole
guérit, n'en doutez pas ! Et c'est seulement en s'exprimant
que notre communauté pourra nous aider à trouver une
nouvelle manière de vivre tous ces événements qui sont
liés à la personne décédée.

Peut-être aurons-nous une bougie dans la maison et l'allu-
merons-nous au jour des célébrations de l'année. Ce geste
nous permettra de rappeler symboliquement que sa mort
n'a pas effacé sa vie.

C'est à vous de voir de quelle manière vous soulignerez le
jour de sa naissance et le jour de sa mort. Peut-être pren-
drez-vous un jour de retrait. Mais peut-être choisirez-vous
au contraire de parler d'elle avec le plus grand nombre
possible d'amis. Oubliez ici les conventions et trouvez ce
qui donne le plus de sens à votre vie.

Et un jour, peut-être, aurez-vous l'occasion de croiser la
route d'une personne endeuillée. Vous saurez que rien ne
sert de lui dire qu'avec le temps, elle s'y fera. Vous saurez ce
qu'elle devra traverser et vous saurez aussi qu'il est inutile
de le lui expliquer. Alors, ce sera vous qui incarnerez cette
communauté si précieuse qui permet de retrouver lentement le sens de sa vie.

Carpe diem!

Notre vie est jalonnée de petits et grands moments charnières. Ce sont même eux qui la rythment et la modulent. Tel un grand souffle, la vie est cadencée d'inspirations, de moments d'attente, invariablement suivis d'expirations. Ces trois temps sont entrelacés si étroitement qu'on ne peut pas passer à l'un sans avoir réalisé le précédent. De la même façon, il nous faut relâcher tout notre air afin de pouvoir inspirer de nouveau, puis conserver un moment le souffle de cette inspiration, en être nourri et ensuite le relâcher. Toute la vie, c'est cette danse à trois temps, et personne ne peut valser autrement.

La plupart du temps, nous dansons sans compter nos pas, exactement comme nous respirons. Et, tout à coup, la musique a changé et nous devons trouver de nouveaux pas. Vous reconnaîtrez les moments qui exigent un arrêt dans notre danse folle. Il y en aura de tout petits, et d'autres, beaucoup plus importants.

Leurs célébrations sont autant de cailloux laissés sur la route, et qui nous permettent, en jetant un regard en arrière, de prendre conscience de tout le chemin parcouru. Et nous sommes ce chemin. Nous sommes faits de tout ce que nous avons vu, senti, pensé et fait. Nous sommes construits de nos liens avec nos proches et avec toute notre communauté, quelle que soit sa dimension. Bien plus encore, nous sommes encordés à l'humanité tout entière, celle qui nous a précédés, celle avec laquelle nous partageons notre vie et celle à venir. La célébration des passages de la vie nous rappelle que notre condition humaine est partagée par tous les êtres humains. Elle contribue à la fin de l'isolement, de l'insignifiance et du sentiment de déracinement.

Ces marqueurs tissent petit à petit notre identité individuelle et collective. Ils nourrissent l'âme, le cœur et l'esprit. En cela, ils sont essentiels.

La célébration d'un événement ou d'un passage est toujours inscrite dans le temps et dans l'espace. Prenons donc beaucoup de soin dans la détermination du moment et du lieu ; ces moments devraient être significatifs pour les principales personnes concernées.

La célébration rituelle d'une fête appelle aussi la participation de chacun comme acteur, et non comme simple spectateur. Évidemment, la participation sera modulée selon la proximité de chacun par rapport à l'événement. Parfois, la communauté sera le simple témoin chargé de prendre acte des changements advenus. Mais ce rôle de témoin n'est pas anodin. Il est essentiel, nécessaire à la poursuite de la vie. Certains seront parfois rattachés plus personnellement que d'autres à un événement, et ceux-là devraient prendre une part active dans la célébration et les gestes qui la définissent. Je crois pour ma part que nous sommes responsables les uns des autres. Et cette responsabilité est une invitation à partager notre joie et nos difficultés.

C'est finalement l'enchaînement d'une série de gestes qui donnera la forme à un rituel. C'est leur sens, celui que nous leur donnons personnellement, mais que la communauté reconnaîtra également, comme le petit caillou laissé sur la route. Ces gestes sont symboliques, la plupart du temps, et sont souvent supportés par des objets, eux aussi symboliques. C'est la combinaison du temps, du lieu, des gestes, des objets, et la présence de notre communauté, ainsi que la cohérence de cette combinaison, qui détermineront la valeur d'une célébration et sa portée dans notre vie.

Beaucoup de ces éléments signifiants apparaîtront spontanément, sans que vous ayez à y réfléchir. Ils s'imposeront d'eux-mêmes, désignés par les circonstances ou le contexte. Mais, si cela ne se produisait pas, prenez le temps de réfléchir pour trouver ceux qui donneront un sens à la fête. Cela risque de faire la différence entre une attente qui se prolonge indûment, et l'expiration qui soulage et permet de passer à autre chose.

Dans ces moments privilégiés de notre croissance, détournons-nous sans regrets des conventions et des normes qui nous apparaissent vides de sens. La vie est bien trop luxuriante et précieuse pour la laisser passer en regardant ailleurs. Notre société a un besoin urgent de retrouver des rites marquant les liens qui unissent ses membres. Un immense besoin de sens, bien au-delà de l'accumulation de biens ou de statuts.

Peut-être avons-nous besoin de nous rappeler qu'une part de nous-même est immortelle, intemporelle et unique. Nous rappeler que nous sommes aussi des êtres spirituels; que cette spiritualité s'incarne dans la chair et s'inscrit dans le temps. Ici, les différences dans notre façon de concevoir Dieu et l'univers importent peu. Vraiment.

Nous venons tous du même endroit, et nous retournerons tous au même endroit, quel qu'il soit. Entre les deux, nous avons à partager la même condition humaine.

N'est-ce pas un fabuleux parcours de transformation et de croissance?

Carpe diem[1]!

---

[1]*Carpe diem* est une locution latine qui signifie «saisir l'instant, le moment».

Table des matières

Achevé d'imprimer en février 2008 sur les presses de
Marquis Imprimeur inc., Québec, Canada